O CÓDIGO DE JESUS

✣ ✣ ✣

O CÓDIGO DE JESUS

✣ ✣ ✣

John Randolph Price

Tradução de
HENRIQUE AMAT RÊGO MONTEIRO

EDITORA PENSAMENTO
São Paulo

Título do original: *The Jesus Code.*

Copyright © 2000 John Randolph Price.

Publicado originalmente na língua inglesa em 2000 por Hay House, Inc., Califórnia, EUA.

Todos os direitos reservados. Nenhuma parte deste livro pode ser reproduzida ou usada de qualquer forma ou por qualquer meio, eletrônico ou mecânico, inclusive fotocópias, gravações ou sistema de armazenamento em banco de dados, sem permissão por escrito, exceto nos casos de trechos curtos citados em resenhas críticas ou artigos de revistas.

O autor deste livro não desaconselha a consulta médica nem indica o uso de nenhuma técnica para tratamento de problemas físicos ou médicos, sem a opinião direta ou indireta de um médico. A intenção do autor é somente transmitir informações de natureza geral que ajudem o leitor a cultivar seu bem-estar emocional e espiritual. Caso o leitor tome a iniciativa de usar qualquer uma das informações deste livro, direito que lhe garante a constituição, o autor e a editora deste livro se eximem de qualquer responsabilidade sobre as conseqüências desse ato.

O primeiro número à esquerda indica a edição, ou reedição, desta obra. A primeira dezena à direita indica o ano em que esta edição, ou reedição, foi publicada.

Edição	Ano
1-2-3-4-5-6-7-8-9-10-11	02-03-04-05-06-07-08-09

Direitos de tradução para o Brasil
adquiridos com exclusividade pela
EDITORA PENSAMENTO-CULTRIX LTDA.
Rua Dr. Mário Vicente, 368 — 04270-000 — São Paulo, SP
Fone: 272-1399 — Fax: 272-4770
E-mail: pensamento@cultrix.com.br
http://www.pensamento-cultrix.com.br
que se reserva a propriedade literária desta tradução.

Impresso em nossas oficinas gráficas.

Dedicado aos Viajantes do Caminho

Sumário

✥ ✥ ✥

Introdução.. 9

LIÇÕES

1	Comece de novo	15
2	Conheça bem Deus..	19
3	Entenda a natureza da alma...................................	23
4	Entenda a imortalidade	27
5	Dedique-se à vida espiritual...................................	31
6	Eleve-se acima do karma..	35
7	Entenda a solução dos problemas	39
8	Entenda a verdadeira prece....................................	43
9	Eleve a visão ainda mais	47
10	Conheça a única presença capaz de curar	55
11	Cure a si mesmo	65
12	Entenda que a escassez não existe	73
13	Entenda a natureza do suprimento........................	79
14	Não dependa de nada do mundo exterior	85
15	Confie no anel de proteção	89

16	Faça tudo pelo bem de todos	95
17	Entenda a vontade de Deus	99
18	Saiba que o espírito não desiste	105
19	Entenda que não existe dualidade	111
20	Conheça os perigos da soberba espiritual	117
21	Seja você mesmo	123
22	Viva apenas como consciência espiritual	129
23	Considere os fenômenos paranormais como normais	137
24	Não veja separação entre os planos da existência	141
25	Veja apenas paz	149

APÊNDICE 155

30 dias de meditações a partir das lições.................... 157
Notas 171

Introdução

Na noite de 1º de janeiro de 1998, tive uma experiência que me levou à descoberta do Código de Jesus. A palavra *código* deriva do latim *Codex,* que significa "um livro de leis ou princípios" — neste caso representando etapas especiais para um aprofundamento da consciência, da compreensão e do conhecimento sobre a nossa verdadeira natureza.

Tudo começou durante um sonho. Eu estava sentado diante do meu computador, tentando abrir um documento sobre a consciência cósmica. De repente, duas palavras em letras graúdas encheram a tela: ACESSO NEGADO. Olhei para a tela imaginando o que fazer. Então, lá do fundo, apareceram as seguintes palavras em letras vermelhas: *Procure o código de Jesus.*

Acordei com uma sensação que eu poderia descrever como espanto e empolgação — surpreso por não ter tido acesso à compreensão superior, ainda assim altamente inspirado para seguir as instruções dadas. Devo admitir que, durante a maior parte da minha vida adulta, o meu relacionamento com Jesus foi bastante impessoal — basicamente porque a Igreja tradicional faz um retrato dele como um mártir sombrio, sofredor, sacrificado, com as agruras e as perseguições necessárias para o discipulado.

Mas o que restava dessa postura eu tinha perdido depois que comecei a fazer as pesquisas para o meu primeiro livro, *The Superbeings,* no final da década de 1970; portanto, eu estava ansioso para seguir a indicação.

Com devoção, à medida que fazia as meditações, eu ia recebendo fragmentos das informações, mas só quando interrompi o projeto um dia e saí para uma caminhada em meio às árvores com os meus cachorros foi que recebi a primeira parte do Código. Eu estava apreciando o ar fresco quando de repente ouvi a mensagem — não por meio de palavras audíveis, mas numa voz clara em minha mente. Essa voz me disse:

> ***Seja eu (...) todo mundo é o Filho de Deus, o Cristo, e eu sou o seu irmão na família de Deus. Identifique-se comigo, com o que eu represento, não apenas como o Cristo, mas como um ser individual com corpo, personalidade, mente, sentimentos e espírito em união. Seja eu! Seja a pessoa integral que eu represento. O Código é acreditar (...) EU SOU COMO JESUS.***

Recebi mais do que isso, mas vamos parar por aqui. Em primeiro lugar, não se assuste com a palavra *Cristo*. Ela provém do pré-cristianismo e deriva do *Christós* de Platão, que significa "o Eu Verdadeiro de todo mundo". Em segundo lugar, durante séculos, a nossa atenção tem sido conduzida tanto para o Jesus cristão como o único Deus encarnado, o único Gerado, o único Senhor e Salvador da humanidade — ou como a idéia perfeita de Deus do ser individual em expressão, o grande Exemplo do que todos podemos nos tornar um dia. Essa última versão foi redefinida de acordo com a verdadeira missão e o propósito de Jesus pelos seres esclarecidos ao longo de 2.000 anos, e a versão anterior considerada para todos os propósitos práticos como uma meta quase impossível de ser alcançada na vida.

Os textos místicos também enfatizam que não somos corpo, que o ego da personalidade deve ser anulado e que devemos morrer diariamente para o nosso sentido pessoal. Mas agora, ao menos para mim, está dada uma nova perspectiva. A comunicação do Código continuou:

Você tem um corpo físico, assim como eu tive; portanto, não tente sacrificá-lo no altar da espiritualidade. Use o corpo com orgulho, ame-o e cuide dele como a expressão visível da sua individualidade.

Você é consciência; portanto, você tem uma personalidade, assim como eu tenho, o que é uma expressão da sua singularidade. Não a negue nem a condene, ou o mundo perderá um sabor especial na grande miscelânea da vida.

Você tem uma mente com que pensar. Não a perca por atrofia, numa tentativa de se tornar mais espiritual no não-pensamento. A mente que havia em Jesus Cristo é a mesma mente; não existe mente mortal ou carnal.

Você tem sentimentos, como eu tenho; caso contrário você seria um autômato. Não os reprima. Expresse sinceramente o seu amor e a sua alegria, o seu carinho e a sua compaixão. Se uma emoção falsa se insinuar por meio de um condicionamento do passado, transmute-a em algo inofensivo.

Você é o Espírito de Deus, o que eu sou e todos são. A Vida como um todo, a sua Vida, como a perfeição de Deus, deve perdurar para sempre. Comungue com a minha Verdade para descobrir a sua Realidade.

Ao se identificar como um ser igual a mim, um Ser Representativo, você e os outros vão reconhecer a sua integridade, pois Deus não existe como um Ser isolado. Na Verdade, não há nada a ser superado, nada a ser redimido, nada a ser sanado... apenas crenças ao contrário, a serem corrigidas.

Será que eu acredito que esse comunicado veio diretamente de Jesus? Individualmente, todos nós compartilhamos a Consciência do Cristo universal como a nossa Essência divina, portanto, receber mensagens definidas dessa "mente que estava em Jesus Cristo" é bem comum entre aqueles que estão no caminho espiritual — incluindo muitos que estão lendo este livro. E a energia do Jesus-homem — sempre disponível para nós nesse campo de força planetário quando estamos receptivos a essa energia — também contribui com um certo tom e sabor, de um ponto de vista de alguém que caminhou pela terra com corpo e personalidade. Portanto, sim, eu acredito que as palavras que foram interpretadas pelo filtro da minha consciência vieram da pessoa íntegra de Jesus.

A meu ver, essa comunicação representa um chamado para todos nós, para que despertemos e sigamos no mundo como seres espirituais temporariamente vestidos na forma física, expressando-nos como personalidades individuais, e não devemos negar nenhuma parte de nós. Em vez disso, temos de observar o Modelo de Jesus para a nossa integridade — espiritual, mental, emocional e física.

Novamente, não permita que o Código de Jesus signifique uma volta a sentimentos negativos da religião ortodoxa e ao conceito religioso de Jesus com todos os seus julgamentos, pecados, sacrifícios, derramamentos de sangue e morte em lugar dos outros. O Código vai além desse falso ensinamento e enfatiza que Jesus é um irmão alegre e amoroso que nos está mostrando que uma vida física com pensamentos e sentimentos que transmitem uma personalidade na terra não é menos espiritual que os mestres invisíveis que atuam em outras dimensões.

Essencialmente, ele está dizendo: "Eu era matéria, tive uma personalidade, usei a minha mente e expressei os meus sentimentos — tudo em consonância com o Espírito de Deus, que todos vocês são. Portanto, permaneçam fortes como uma pessoa completa, não precisando se desculpar por usar uma capa de pele ou por ser o resultado das suas experiências. O mundo precisa de vocês como vocês são, e as suas falsas crenças serão corrigidas quando vocês tomarem consciência de si mesmos *por inteiro* na consciência espiritual."

Durante um período de várias semanas, depois do recebimento inicial do Código, ocorreram-me etapas bem-definidas rumo a uma consciência superior ou espiritual, algumas das quais eu já tinha cumprido como questões ou princípios isolados. Mas, agora, tudo começava a se juntar como uma escada a ser galgada para uma nova dimensão da Realidade, em que as ilusões de doença, escassez e discórdia desapareciam; e um mundo de integridade, abundância e relações felizes era revelado. No início de cada capítulo, eu apresento a lição recebida, e em seguida vou acrescentando a minha interpretação pessoal, relativa às minhas experiências e/ou meditações para uma compreensão maior.

Posteriormente eu reli *JESUS The Son of Man*,[1] de Kahlil Gibran, e determinadas passagens saltaram-me à vista, como se para documentar o que era expressado no Código. Aqueles que o conheceram falaram sobre o ritmo dos seus passos e os movimentos do seu corpo, a sua maneira de ser e a sua risada, as suas contemplações e os seus sentimentos de amor e alegria, e o seu reconhecimento da verdade de todos. Ele representou a pessoa completa e agora simplesmente pede que vejamos essa integridade como nossa também — *Eu sou como Jesus* —, não algo a acontecer, mas algo para já.

Gibran também compartilhou as suas visões daqueles que não eram amigos de Jesus. Eles o chamavam de feiticeiro, beberrão, agitador de multidões, corruptor, mulherengo, amigo de prostitutas e subversivo. Isso apenas acrescentou outra dimensão ao Código. E me fez entender ainda mais que Jesus não era diferente de nós, visto que a nossa personalidade — a identidade que apresentamos ao mundo — pode não agradar a todos. À medida que desempenhamos um papel no cenário do mundo — como todos os que estão no planeta — as pessoas nos vêem de acordo com perspectivas contrastantes, e não há nada de errado com isso. Mas sejamos verdadeiros com nós mesmos, afastemos as nossas defesas e continuemos com o trabalho de ser a pessoa que somos — um "ser individual, com corpo, personalidade, mente, sentimentos e espírito em união".

Aceitemos a premissa básica do Código — *Eu sou como Jesus* — e procuremos manter essa verdade estampada firmemente na nossa mente, enquanto galgamos os degraus da escada espiritual para uma nova realidade da vida e do viver.

É chegada a hora.

Lição 1
Comece de novo

Não é o que você não sabe que está retardando o seu progresso no caminho, mas o que você pensa que sabe. O conhecimento da verdade, cheio de deformações causadas por pensamentos errados, produz discordância, que é projetada no mundo exterior como desarmonias da vida, ainda que um não possa se manifestar sem a outra. Para começar de novo, você tem de esvaziar do vaso as concepções julgadas confiáveis, e junto com essas irão as impurezas das falsas crenças. Desista do maior para eliminar o menor.

Essa parece ser uma tarefa difícil, mas pode ser executada pela sua vontade de aprender a partir da condição privilegiada de uma lousa em branco. Quando desistimos de todas as verdades que achamos que sabemos, estamos literalmente esvaziando a consciência momentaneamente na preparação de um influxo maior. E voltar à nossa mente pode ser a compreensão espiritual básica obtida por meio dos nossos estudos e da meditação, mas será menos desordenado, com os pontos essenciais muito mais realçados.

A partir do momento em que começamos a nossa jornada para nos lembrar da nossa verdade de ser, lemos muitos livros, ouvimos uma variedade de fitas, assistimos a aulas para assaltar os portões do reino de todas as maneiras, e oramos, meditamos, afirmamos e decretamos — tudo o que nos trouxe ao ponto onde nos encontramos hoje. No meu caso, o Espírito interior vem me falando ao longo dos anos para *simplificar, simplificar, simplificar* — que "conhecimento" demais é contraproducente para marcar uma posição firme na consciência espiritual. E fui lembrado de que, nos tempos antigos, os estudantes das Escolas de Ocultismo eram orientados a deixar o seu esclarecimento percebido, a sua compreensão do que constituía a realidade, do lado de fora, e depois eles eram induzidos a refletir sobre as linhas simples da verdade até entenderem a consciência.

Eles aprendiam a ser co-criadores com a sua Consciência Divina ao buscar uma mudança na mente e no coração, no modo como viam a si mesmos e a Deus. Então, com uma consciência espiritual mais profunda, ao lado de uma imagem elevada das suas metas na vida, eles passavam a criar as maiores obras de arte, na literatura, na música e na arquitetura, que o mundo jamais conhecera. Eles eram também instrumentos da paz — círculos de harmonia que purificavam e organizavam por meio do efeito ondulatório.

Neste novo começo, vamos abandonar tudo o que pensamos que sabemos e aceitar o novo influxo do Espírito.

Estou pronto e disposto a abandonar tudo o que eu penso que sei, incluindo todas as falsas crenças, em troca de novas concepções das verdades da vida.

Ao me livrar de tudo, sinto elevar-se a energia de todo o meu campo de força — cada pensamento e crença, todas as convicções —, fluindo em direção à luz para ser transmutada. Vejo e sinto isso acontecer agora.

Enquanto o último vestígio se ergue das sombras, posso dizer com sinceridade (...) que não sei nada. Não sei nada! Livrei-me de todos os pensamentos e crenças para que fossem purificados. Minha consciência está clara e limpa, livre, como um vácuo, pronta agora para um novo preenchimento. Estou pronto.

Estou recebendo agora o novo influxo dos pensamentos divinos e padrões perfeitos do Espírito. Sinto a Mente da compreensão espiritual e da sabedoria divina entrar pela coroa acima da minha cabeça e fluir para baixo, preenchendo, preenchendo, preenchendo. Eu tento não pensar. Deixo a Mente única pensar por mim.

Eu descanso no Silêncio.

Agora estamos prontos para avançar pelas etapas — para ver e saber do mesmo modo que o Espírito, nosso Deus-Eu, vê e sabe. E para o nosso fio inicial da Verdade, que nos permitirá fazer uma passagem segura para os eternos AGORAS da vida gloriosa, vamos meditar sobre o seguinte:

Eu não me preocupo com o passado, pois ele não existe, nem sequer restam vestígios dos dias passados. Eu recebi o influxo do Espírito, e todas as tristezas e medos compulsivos do passado foram eliminados. Agora eu estou livre para galgar a escada para a consciência espiritual plena e completa.

Eu começo de novo.

Lição 2
Conheça bem Deus

O Deus Transcendente, maior do que toda a criação, aparece como Deus Imanente, impregnando toda a criação. O Ser Puro Incógnito contempla a Si Mesmo como Espírito e Verdade, e a grande Luz do Amor e da Vida emerge como Espírito Interior. Essa é a Personalidade Universal, não uma criação ou um reflexo separados, mas a Presença de Deus sendo o Propósito individual interior e como tudo. Deus existe, e fora de Deus nada existe, pois o todo é Deus e Deus é Amor.

Eu acredito que é a nossa incompreensão de Deus que atirou o mundo inteiro na confusão durante milhares de anos. Em muitas religiões, foi como se Deus fosse criado segundo a imagem humana — a imagem da natureza inferior — e esse conceito humano de Deus foi considerado tanto bom quanto mau e exerceu um domínio sobre todos os seres vivos. E, conforme nos ensinam os textos antigos, "Um grande medo se espalhou pela terra.

Nas narrativas babilônicas sobre a criação, os deuses, cobertos de terror e cheios de raiva, criaram todas as formas de maldade para destruir a semente da humanidade. E, no Egito, os deuses cuidaram de tornar todas as pessoas seus escravos e estabeleceram meios violentos de adoração. Então temos Jeová e o Velho Testamento, que prometiam cobrir a terra de sangue, conjuraram as dez pragas e "mataram todos os primogênitos". Deus, criado à imagem humana, era cruel, perseguidor e vingativo. E podemos ver que esse ensinamento certamente podia produzir vidas problemáticas e tornar-se um risco para a saúde mental.

Durante muito tempo, entre os iluminados, considerou-se que Deus fosse o Poder Primordial da Vontade-para-o-Bem, o Amor, a Vida e a Inteligência Criadora — e que este é um universo benevolente onde nada existe além de beleza e de bondade. Como eles podiam saber disso? Pela fé? Talvez fosse assim no passado distante, quando Deus era considerado como "O Único de Quem Nada Podia Ser Dito". Esse era o Deus Transcendente, o Grande Desconhecido, apenas uma Presença nebulosa até mesmo para os mais avançados iniciados. Mas, no devido tempo, os antigos místicos começaram a entender a natureza de Deus ao *viver* o Deus Imanente como o seu Espírito Essencial, como a própria Vida do seu ser. Eles entenderam Deus vivendo dentro deles como Amor onisciente, Princípio onipotente e Espírito onipresente — uma Presença, uma Mente, um Poder —, mais próximo que a respiração.

Deus *EXISTE*; e fora de Deus nada existe, o que significa que podemos sentir a nossa Realidade porque *tudo é Deus*. A plenitude da Divindade é totalmente incorporada à Consciência Divina que habita, interpenetra e protege cada um de nós, o *Eu* sagrado, que é a nossa verdadeira e única natureza.

Podemos conhecer Deus porque "Eu e a minha Consciência somos um" — o que significa que a nossa mente consciente (a faculdade da alma) e Aquilo de que somos conscientes do (Espírito) formam uma unidade. "Tudo o que a minha Consciência é EU SOU" — tudo o que eu reconheço, EU SOU. Jesus referiu-se a essa Causa Infinita como o Pai, o Espírito paterno (criador), o Deus Conhecido. Paulo chamou-O de Cristo em você. Sejam quais forem os rótulos que usemos, vamos nos lembrar de que não existe lugar de onde Deus saia e algo venha para preencher. Deus *individualiza-se* como a nossa verdade e único Eu. Tudo é Deus.

"O Deus de Pitágoras (o primeiro e mais famoso filósofo) era a *Mônada,* ou o Uno que é Tudo. Ele explicou Deus como a Mente Suprema distribuída por toda parte do universo — a Causa de todas as coisas, a Inteligência de todas as coisas, e o Poder dentro de todas as coisas."[1]

No século XIII, Santo Tomás de Aquino afirmou que "AQUELE QUE É" é o nome mais adequado para Deus. Ralph Waldo Emerson falou dos *Eus* que vivem interiormente e *como* cada indivíduo, resplandecendo como Vontade de proclamar bem todas as coisas. Ele escreveu: "A pessoa mais simples que venera Deus com toda a sinceridade torna-se Deus."[2]

E de acordo com Alice A. Bailey, o mestre tibetano Djawhal Khul disse que "a Vida de Deus, a energia e a vitalidade Dele são encontradas em cada átomo manifesto; a essência Dele habita todas as formas".[3]

Nesta segunda etapa de nosso novo começo, vamos deixar de lado todos os conceitos e imagens de Deus como uma entidade separada e independente de nós, ou como uma entidade justiceira e punitiva, um senhor zeloso e ciumento, um soberano irado, ou como um ser a quem devemos pedir dons, favores e donativos divinos. Deus é bondade absoluta, doação total, não conhece o conceito de pecado ou castigo, criou um universo de beleza para Si mesmo e se expressa como a nossa Consciência Divina — o nosso reino de paz e abundância onde a vida é para ser desfrutada plenamente.

Reflita sobre estes pensamentos:

Deus É. Deus é a única Presença e Poder universal, o Centro Cósmico do Amor, expressando-se como tudo o que é bom, verdadeiro e lindo na vida. Eu sou essa Expressão.

Eu e o Espírito de Deus somos uma só coisa. Eu sou Deus sendo eu, e Deus ama a Si Mesmo como a mim.

EU SOU.
SOU consciente.
SOU consciente de mim mesmo.
SOU consciente da presença de Deus.
SOU consciente da presença de Deus que EU SOU.
SOU consciente da presença de Deus que EU SOU como eu mesmo.
Agora eu ouço e escuto a Voz da Verdade falar a partir do meu silêncio interior.

LIÇÃO 3
Entenda a natureza da alma

E o Eu, a Personalidade de Deus como Espírito Essencial, contemplou a Si Mesmo, e dessa contemplação surgiu a Consciência de Si Mesmo: Fagulhas da Chama Universal nas unidades individuais quase infinitas de Autoconsciência, Almas, ainda assim indivisas e contendo o Todo.

Nós não temos uma mente separada da Mente. O *Eu-Espírito Universal* em Autocontemplação arrebatou, por assim dizer, campos de consciência, almas, unidades da Sua própria Autoconsciência, permanecendo com aquela Consciência como a Realidade do Ser. A Sabedoria eterna nos diz que "há sessenta mil milhões de unidades de consciência",[1] considerando ambos os lados do véu.

Para maior compreensão desse conceito, pense na sua mente consciente como uma alma individual. Então considere essa unidade de Autoconsciência como um anel de luz num mar de luz infinito. O Espírito, o *Eu,* muda a Sua vibração ao redor do anel e soa uma nota cósmica diretamente relacionada com a alma, a sua consciência específica. Os Antigos explicavam essa configuração dos anéis exterior e interior unidos (Espírito e alma como uma coisa só) como "um formato ovóide", e referiam-se a ela como um "óvulo". Num pequeno tratado gnóstico escrito no século I, os discípulos de Jesus revelam: "Nós recebemos um diagrama (de Jesus). (...) O diagrama é como um ovo, com um ovo menor ou núcleo dentro dele. (...)"[2]

O *Eu-Espírito-Personalidade* individualiza a Consciência Dele como um campo específico de energia, embora Ele permaneça universal. Cada um de nós é o *Eu,* onipresente ainda que individual, uma particularização do *Eu.* O *Eu* é a nossa Realidade, o nosso Ego. Se você pudesse voltar atrás e observar o seu Ego, então veria uma luz resplandecente dentro, ao redor e através de você — um campo áurico radiante de infinita inteligência, poder, sabedoria e amor — universal e inteiramente presente no ponto onde você se encontra. Você é essa Luz!

O que consideramos como a nossa consciência pessoal é o nosso Ego numa expressão concentrada como Autoconsciência. Nós não somos uma mente mortal ou carnal. Essas palavras significam apenas o arremedo de uma falsa crença. Nós somos centros de consciência do *Espírito-Eu,* não separados do *Eu,* mas o *Eu* contemplando a Si Mesmo a partir de uma vibração diferente da Mente. O papel ou função da alma é estar plenamente consciente da Realidade Divina, ter pensamentos sobre a Verdade e imaginar um mundo de perfeição. O *Eu-Ego* então manifesta forma e experiência dentro, através e *como* essa consciência. A criação é constante; ela nunca cessa.

Jesus falou a respeito disso quando disse, referindo-se a sua consciência-da-Consciência-interior: "Eu não posso, por mim mesmo, fazer coisa alguma" (João 5:30) e "Se eu der testemunho de mim mesmo, o meu testemunho não é verdadeiro." (João 5:31) Mas depois, falando como o *Eu* Divino — o Ego de todos — ele disse: "Eu sou o caminho, e a verdade, e a vida" (João 14:6) e "Quem me viu a mim, viu o Pai (Consciência Divina em ação)." (João 14:9)

No Tratado de Pistis Sophia dos Gnósticos, Jesus diz: "Vocês ainda não sabem e são ignorantes? Não sabem e não compreendem que vocês todos são Anjos, todos Arcanjos, Deuses e Senhores, todos Governantes, todos os grandes Invisíveis, todos aqueles do Meio, aqueles de todas as regiões deles que estão à Direita, todos os Grandes Seres das emanações da Luz com toda a sua glória (...)."[3]

Outro ponto que devemos considerar aqui: O Espírito de Deus é o princípio criador do universo, e esse mesmo Espírito é a Causa que atua na nossa mente e da natureza sensível e por meio delas. A criação de uma ordem superior está em curso quando estamos conscientes, entendemos e conhecemos a Presença interior — o nosso Eu Sagrado — e vemos com a nossa faculdade de imaginação a plenitude de vida mais abundante. (Vemos a verdade e não a mentira.) Então o Ego vive como nós, e chegará o momento em que a consciência e a Personalidade do *Eu* serão uma mesma coisa, conforme ficou demonstrado pelo exemplo de Jesus.

Não há eu e você; há apenas Eu. Porque a repetição é tão importante para a compreensão, vamos considerar de novo a nossa constituição divina. Em primeiro lugar, Eu sou, nós somos, o Espírito-Personalidade de Deus incorporando a plenitude da Divindade. Pondere isso. Deus Todo-Poderoso, o Poder Primordial, o É Eterno, o Princípio Primeiro, habita em nós. Quando vemos e sentimos a Presença interior, não é apenas a nossa natureza superior que estamos sentindo, mas a Totalidade de Deus — Pai, Mãe, Espírito-Personalidade como Um.

O segundo aspecto de nosso ser é a alma de Autoconsciência, nossa personalidade, chamada pelos Antigos de "Luz do Senhor". Ela é o transmissor de substância para criar forma e experiência, o meio para a expressão do Espírito, e a mente da identificação pessoal. Portanto, o todo de todos nós é um "ser individual com corpo, personalidade, mente, sentimentos e espírito num ser só". *Eu sou como Jesus.*

E quanto ao ego? Ele não é nada além de uma forma-pensamento de medo — a sede de todas as falsas crenças —, que criamos na nossa mente quando começamos a sentir um distanciamento da nossa verdadeira natureza. Ele não tem realidade e a sua influência ilusória vai diminuindo a cada passo que damos em direção da luz.

Meditação

Quem sou eu? Faço a pergunta e ouço a voz dentro de mim.

Eu sou a única Presença que existe, infinita, onipresente. Eu sou a sua Personalidade, a única Personalidade que existe. Não existe outra.

Mas eu sinto que existem dois de nós, um eu e um Você, uma mente inferior e outra superior, uma criatura desamparada e um Mestre Divino.

Uma onda não pode ser separada do oceano, nem um raio pode ser separado do sol. Existe apenas um Eu, universal e individual. Volte àquela glória que fomos um dia — uma Mente, uma Presença, um Poder. Eu sou o seu Espírito; você é a consciência de Mim pela qual eu atuo para revelar a realização em todos os setores da vida.

Agora eu estou consciente do Eu poderoso dentro de mim, do meu único Eu, expressando tanto a vida perfeita quanto o mundo perfeito.

Eu renuncio à falsa crença de que eu sou um ser humano e aceito a verdade de que eu sou Espírito puro expressando-se como alma e corpo. Deus é o meu único Ser, a minha única Existência.

Eu não sou uma mente humana, pois existe apenas uma Mente — a Mente de Deus — e Deus não criou nada em oposição a Si Mesmo.

Estou consciente da minha única Personalidade, a Verdade do meu Ser. Estou consciente de Mim, o Único existente, e por meio dessa consciência de mim Mesmo, o reino flui em forma e experiência perfeitas.

Eu sou como Jesus — física, mental, emocional e espiritualmente. Eu sou um ser completo!

Lição 4

Entenda a imortalidade

Não houve nenhum nascimento até a morte se manifestar, ainda que você nunca nasça nem possa morrer. Tire do pensamento todas essas idéias assustadoras e esteja livre para viver inteiramente o presente. Você é um ser imortal de uma mente, a que o sentido pessoal pode parecer limitado, mas não é; e um Corpo que parece material, mas não é.

Nos primeiros estágios da vida individual no planeta, não houve necessidade de reprodução, e o que conhecemos hoje como morte não existia. Tomávamos a forma que quiséssemos e então, por meio de uma atividade mental, a força eletromagnética podia ser alterada e a estrutura atômica rearranjada de modo que a forma do corpo literalmente desaparecia. Podíamos ir e vir de um plano a outro que desejássemos.

Essa mudança de força não é desconhecida hoje em dia. A literatura fenomenalista está cheia de histórias de pessoas que desaparecem no ar, desmaterializando-se aos poucos diante de testemunhas e desaparecendo inexplicavelmente. Também há o caso do islandês Indridi Indridason. "Em 1905, vários importantes cientistas islandeses decidiram investigar o fenômeno paranormal e escolheram Indridason como um de seus objetos de estudo (...) às vezes durante o transe profundo, diversas partes do seu corpo se desmaterializavam completamente. Conforme observaram os cientistas atônitos, um braço ou uma das mãos desapareciam, só voltando a se materializar quando ele estava prestes a despertar."[1]

O historiador William Bramley sugere: "Nossas percepções físicas não detectam a natureza quase ilusória da matéria, porque os sentidos físicos são constituídos para aceitar a ilusão de solidez causada pelo movimento extremamente rápido das partículas atômicas. (...) Se pudéssemos ver a matéria como ela é de verdade, veríamos a maioria dos objetos sólidos compostos de uma penugem macia."[2] Obviamente, Indridason não aceitava inteiramente a ilusão de solidez, ao menos durante o estado de meditação.

Com o tempo, perdemos coletivamente não só a capacidade de desmaterializar, mas também o conhecimento de assumir uma forma. Nossa única alternativa para retornar à nossa residência natural era por meio da eliminação do corpo. Assim, na antiga Lemúria, foi concebida a primeira doença, que os Ensinamentos de Sabedoria dizem ter sido "a grande libertadora". Foi também o início da produção corporal pela fusão de células para fornecer uma entrada para as almas encarnarem no assim chamado mundo material. Conforme minha esposa, Jan, aprendeu enquanto meditava, a imperfeição da forma física começou apenas depois que começamos a fabricá-las pelo processo de nascimento, o que não fazia parte do esquema universal das coisas. Lembre-se: o corpo é um reflexo da consciência; ele assume tanto as energias positivas quanto as inidôneas da entidade encarnada.

Ainda assim, a verdade é que nunca nascíamos e não podíamos morrer. Um corpo físico pode ser reproduzido pela união de células masculinas e femininas, e devemos valorizá-lo como o nosso veículo para ser usado neste plano e repará-lo de acordo com a necessidade por meio de uma elevação da consciência, o que discutiremos mais adiante. Mas nós não somos esse corpo. Se você já teve uma experiência fora do corpo ou de quase-morte, você sabe do que se trata. Nosso corpo verdadeiro é de luz pura, energia esculpida.

E quanto à morte? Não é nada mais do que a eliminação do sistema físico e a obtenção da liberdade da bagagem material perceptível, com a continuidade da vida de um reino a outro.

O exemplo de Jesus: Ele morreu *mesmo* na cruz? *Será?* Nos textos de Nag Hammadi, considerados mais antigos que o Novo Testamento, o *Apocalipse de Pedro* diz:

> O que eu estou vendo, ó Senhor? É realmente você que eles tomam? E você está suspenso sobre mim? E eles estão pregando os pés e mãos de um outro? Quem é aquele no alto da cruz, que está alegre e sorridente? O Salvador me disse: "Aquele que você viu alegre e sorridente no alto da cruz é o Jesus Vivo. Mas aquele cujas mãos e pés eles estão pregando é a sua porção de carne, que tomou o meu lugar."[3]

Talvez isso tenha sido escrito para enfatizar o fato de que Jesus tinha todo o controle da situação e não morreu na cruz. Isso depois foi sustentado por Santo Irineu, bispo de Lyon, que escreveu em *Contra Heresias*, no ano de 180, que "de acordo com o que dizem os próprios Apóstolos, Jesus viveu até uma idade avançada".

Outra evidência nos diz que Jesus não podia morrer na cruz porque era um ser espiritual, assim como nós. *Os Atos de João* — um dos mais famosos textos gnósticos — explicam que Jesus não era um ser humano; ao contrário, ele era um ser espiritual que se adaptou à percepção humana. Em sua obra, João é citado dizendo: "Vou contar-lhes outra glória, irmãos; às vezes, quando pretendia tocá-lo, eu encontrava um corpo material, sólido; mas outras vezes de novo, quando o sentia, sua substância era imaterial e incorpórea (...) como se ele não existisse." João acrescenta que verificava cuidadosamente os rastros, mas Jesus não deixava pegadas — nem nunca piscava os olhos.[4]

Se Jesus não morreu, ou não podia morrer, o drama da crucificação perde o sentido. Na cruz, Jesus demonstrou que a morte não é real e provou isso com a ressurreição. Com a sua realização do *Eu* Divino, ele teve total domínio do corpo e o poder de curá-lo instantaneamente e, posteriormente, de desmaterializá-lo quando chegou o momento de deixar este plano. E o que ele fez nós podemos fazer. Lembre-se do Código: "Seja eu!" *Eu sou como Jesus.*

Jesus estava plenamente consciente de tudo o que aconteceu na cruz — e quando ele se retirou do corpo físico, foi capaz de liberar a energia mais potente e transmutadora para entrar no plano terrestre naquele momento. A verdadeira Átomo-Identidade em cada um do planeta foi ativada, liberando assim o *Christós* em todos os que seguiriam a Luz. Retornando uma vez mais para o seu corpo curado, ele nos mostrou sua imortalidade e permaneceu conosco para ensinar o destemor, a integridade e o amor incondicional. Se ele permaneceu na terra até a "velhice" não é importante, pois ele está conosco agora em espírito, unido conosco dentro de nós e na forma da Pessoa Integral que nós somos.

Pensamento para o dia:

Eu sou um ser espiritual e me adaptei à energia do plano terrestre, embora eu nunca tenha nascido e nunca deva morrer, pois a vida de Deus é a minha vida, imortal, eterna, para todo o sempre.

LIÇÃO 5
Dedique-se à vida espiritual

Não existe esforço mais elevado do que a aspiração de viver a vida espiritual, pois esse é o seu estado natural. Tudo é Espírito, Mente espiritual; não existe outra Individualidade, nenhuma Presença além do Uno, ainda que a Verdade possa estar oculta num labirinto de falsas crenças. Pelo compromisso com a Luz da Realidade, as idéias incorretas serão corrigidas e a iluminação será inevitável.

A aspiração de viver a vida espiritual, no reino da Causa, é o esforço mais elevado porque ela é uma parte do processo natural, enquanto viver centrado no ego é algo *não*-natural — uma deserção de tudo o que é bom, verdadeiro e lindo na vida para vasculhar por nós mesmos no mundo dos efeitos.

A opção por Deus tem de ser firme; a determinação de viver dentro do único Eu e como Ele precisa ser total. E embora isso possa ser considerado uma tarefa quase impossível por causa da nossa identificação com o mundo físico, o fato de que ela é a nossa aspiração mais elevada na vida irá atrair o verdadeiro poder do Espírito para reforçar o compromisso — hora após hora, dia após dia, conforme seja necessário.

Quando comecei a singrar as águas espirituais, meu único pensamento era saber como fazer certas mudanças na minha vida para conseguir uma oportunidade profissional mais gratificante, um rendimento maior e um estilo de vida mais de acordo com o que eu imaginava. Não há nada de errado com isso, se for feito da maneira correta. Veja bem, o Espírito quer que tenhamos benefícios materiais de uma vida de maior abundância em todos os sentidos. A vontade de Deus em ação por meio da única Personalidade é a lei da realização total e plena, com uma mente tranqüila e um coração alegre como pedras fundamentais. Quando a manifestação é de uma consciência profunda do Espírito tanto como Presença quanto como Lei — com os pensamentos de nossa Verdade de Ser registrados na consciência — passamos dos "surtos" de ocorrência e falta de abundância para uma plena abastança contínua; da saúde física para a integridade espiritual; de um trabalhoególatra para o local do verdadeiro sucesso. Por outro lado, demonstrações de uma consciência *medrosa* afetada pelo ego não só vai trazer tanto a luz quanto a escuridão, como também aquilo que é considerado como "bem" não vai proporcionar uma satisfação duradoura.

Então o que significa exatamente viver a vida espiritual? Não significa que tenhamos de desistir de tudo do mundo material. Não, embora possamos não ser *deste* mundo, certamente estamos *nele*, portanto vamos tornar a nossa estada aqui a melhor e a mais proveitosa possível, o que só pode ser conseguido com o conhecimento do nosso único Eu como a mente, a lei e a atividade do nosso ser.

"Tudo é Espírito, Mente espiritual; não há outra Personalidade, nenhuma Presença além do Uno." Nosso compromisso em viver a vida espiritual tem de começar com o reconhecimento do poder único, do poder interior, e não atribuindo poder aos efeitos do mundo aparente. Deve haver uma desistência das antigas maneiras de pensar, com uma total confiança na Presença inte-

rior para tudo. Trata-se de manter a nossa mente concentrada no nosso Eu-Divino, o único Eu, com amor e gratidão intensos. E *"as idéias incorretas serão corrigidas e a iluminação será inevitável".* Trata-se de manter nossas mãos longe deste mundo e deixar que as mãos de Deus nos mostrem a Realidade que está por trás da ilusão da escassez e da limitação. Trata-se de um abandono total à vontade de Deus.

> *"Em todos os aspectos do dia, Jesus estava consciente do Pai. Ele O via nas nuvens e nas sombras das nuvens que passavam sobre a terra. Ele via a face do Pai refletida na calma dos lagos ... e Ele geralmente fechava os olhos para ver com os Olhos Sagrados.*
>
> *"A noite falava com Ele com a voz do Pai, e na solidão Ele ouvia o anjo do Senhor chamando-O. E quando Ele Se aquietava no sono, ouvia o sussurro dos céus nos Seus sonhos."*[1]

Viver a vida espiritual não é apenas reconhecer a Presença Divina dentro de nós — mas em *todos*. É considerar cada pessoa *como* a sua Identidade Divina, independentemente da situação. E é preciso que haja um programa diário de meditação sobre a Verdade até sentirmos essa Verdade entrando e preenchendo o nosso coração. Essa é uma vida contemplativa de comunhão com o Espírito até o ponto em que realmente nos tornamos Espíritos-em-ação.

Lembre-se: é a nossa *consciência-da-Consciência* que abre a porta para a obra a ser realizada. Aquilo de que temos consciência está sempre se expressando, registrando eternamente nossas convicções sobre nós mesmos, sobre Deus e sobre a vida. É quando a nossa consciência consciente está vibrando espiritualmente, em oposição à desarmonia do ego, que o que se manifesta como mundo visível é a Realidade do Espírito e não a projeção da ilusão.

Reflita sobre estes pensamentos:

__Neste dia, eu assumo o compromisso de fortalecer a minha consciência, a minha compreen-__

são e o conhecimento de Deus, o meu único Eu. Eu preciso fazer isso amando o Espírito com toda a minha mente, com todo o meu coração e com toda a minha alma. Faço isso agora com a plenitude do meu ser.

Eu reconheço a Presença dentro de mim como o único poder em ação na minha vida e nos meus interesses. Não existe outro. A onipotência, de dentro para fora, reina suprema na minha vida.

Quanto mais estou consciente do Espírito, mais esse Espírito preenche a minha consciência. Concentro a minha mente na Verdade que EU SOU e abro a porta, e todos os sentidos de separação se anulam quando eu entendo a minha unidade com a minha Realidade Divina. A Luz única do amor, da paz e da compreensão Se enraíza no meu coração e eu sinto a Chama Divina do meu Eu Sagrado iluminando todo o meu ser.

Deste momento em diante, dedico a minha vida à Verdade. Meu compromisso está completo e é sustentado pela vontade de Deus.

LIÇÃO 6
Eleve-se acima do karma

O karma é uma lei da condição do estado de sono que provém da consciência de corpos separados e da noção dos relacionamentos. Ela se aplica na dimensão da materialidade como causa e efeito, e serve para manter a lei e a ordem no mundo das ilusões. Saiba que, nesse mundo, a conseqüência é a lei. Na consciência espiritual, existe apenas Mente e manifestação como uma coisa só no Espírito, sem a idéia de recompensa e de castigo. Na consciência espiritual, o Espírito, como Causa, expressa a Si Mesmo como efeito, em ação harmoniosa sem um conceito de justiça. Viva na consciência espiritual e não tema as repercussões.

A Bíblia tem muito a dizer sobre o karma, ou sobre causa e efeito, ação e reação. "Não julgueis, e não sereis julgados; não condeneis, e não sereis condenados; perdoai, e sereis perdoados. Dai, e ser-vos-á dado; boa medida, calcada, sacudida e transbordando vos deitarão no regaço; porque com a mesma medida com que medis, vos medirão a vós." (Lucas 6:37-38) Há muito mais versículos, mas esses resumem a questão da melhor maneira possível. Nós sempre colhemos o que semeamos.

Escrevi nos meus livros — especialmente em *The Angels Within Us* — sobre como operar *com* essa lei em vez de *contra* ela. "Tudo o que é preciso é disciplina e dedicação para aprender a antiga arte do discernimento. Ser capaz de discernir significa ser perspicaz, astuto, seletivo e judicioso. Significa estar constantemente consciente dos seus pensamentos, palavras e ações; e pensar, falar e agir apenas do ponto de vista da *inocência*."[1]

Bom conselho, mas quantos de nós podem realmente colocar em prática esse conceito na vida cotidiana? Com grande autocontrole e o máximo de disciplina, podemos andar na ponta dos pés através dos campos minados do mundo que nós mesmos projetamos — sempre nos esforçando para fazer o que é certo — e podemos também desfrutar da montanha-russa, emitindo mais "Ahs" do que gritos. Mas agora entendemos que não temos de nos submeter a essa experiência emocionante e assustadora. Podemos nos elevar acima de tudo isso.

A chave desta lição parece estar no lugar onde estamos semeando, o que nos leva de volta à passagem de Gálatas 6:8: "Porque quem semeia na sua carne, da carne ceifará a corrupção; mas quem semeia no Espírito, do Espírito ceifará a vida eterna." Em outras palavras, se escolhemos as nossas sementes — os nossos pensamentos e as nossas palavras — no mundo material, empenhando a nossa fé apenas no mundo dos efeitos, o resultado será uma mistura de prazer-dor. Mas, quando semeamos para o Espírito ("semear" no sentido de "plantar"), dependendo apenas da atividade de Deus em nossa vida, a nossa mente de consciência tende para a *consciência espiritual* em que apenas prevalece a harmonia.

Numa consciência predominantemente material, projetamos pensamentos de necessidade no mundo e precisamos sempre atrair mais necessidades. O medo se manifesta como medo; as ações prejudiciais produzem culpa e uma chamada para o castigo como pagamento kármico; uma manipulação traiçoeira para atingir uma meta sempre traz repercussões. Quando empenhamos a nossa fé apenas no mundo dos efeitos, estamos buscando a experiência da dualidade, o que, como veremos adiante, não é real na Consciência Divina. Sim, podemos arremessar boas iscas sobre as águas, e tudo o que demos irá retornar; mas, desde que a nossa intenção seja boa simplesmente para obter os benefícios da lei do karma — sem mudar o nosso sistema de crenças — já nos colocamos em problemas. Isso é andar na corda-bamba com o ego sob controle, e às vezes essa forma-pensamento nociva que nós próprios criamos se esquece da rede de segurança.

Colocamo-nos acima da lei do karma quando nos voltamos para o amor de Deus fluindo para a nossa consciência consciente como a realização de toda necessidade, assim como a atividade total da vida. E nós nos tornamos tão conscientes do Espírito, nosso único Eu, que a nossa consciência da Presença e do Poder únicos ofusca tudo no plano material. Isso acontece quando a atividade de Deus se manifesta como consciência espiritual, e causa e efeito tornam-se Mente e manifestação — sem compensação tanto de um lado da moeda como do outro. Na verdade, a moeda, como dualidade, desaparece.

> *"Na consciência espiritual existe apenas Mente e manifestação como uma coisa só no Espírito, sem a idéia de recompensa e castigo. Na consciência espiritual, o Espírito como Causa expressa a Si Mesmo como efeito, em ação harmoniosa sem um conceito de justiça."*

Há apenas Mente-em-manifestação, uma expressão em linha direta da substância em forma e experiência, o que é sempre perfeito. Não é uma "idéia" de Espírito que se torna visível; é o Espírito aparecendo *como* a forma — Mente e manifestação como uma coisa só. E a "ilusão" nesse sentido se relaciona apenas à natureza temporária da forma como matéria física, e não a projeções do ego.

Meditação

Passei da lei do karma para a lei do Espírito e agora o Espírito está tomando as minhas decisões por mim, do ponto de vista da visão mais elevada.

Sinto-me radicalmente diferente. Há uma gentileza combinada com uma força interior, um sentimento maior de paz nascido do amor, e a minha vida é de uma ordem superior.

Agora eu sou uma influência de cura e harmonização para todos os que encontro no meu caminho pela vida.

LIÇÃO 7
Entenda a solução dos problemas

Você não pode encontrar a solução para um problema na mente humana, pois nem o problema nem a mente existem. Ainda assim, o que parece ameaçador, quando compreendido como impotência, desaparece no nada de onde veio.

Pense num problema ou desafio que você tenha de enfrentar no momento. De onde ele se originou? De uma crença em duas forças — uma crença em que o Espírito de Deus interior tem de competir no mundo exterior das formas, um adversário tão poderoso quanto a Onipotência em si mesma.

Nós crescemos acreditando nisso. Quando crianças, temos batalhas para travar, dores a serem aliviadas, perdas a serem compensadas e condições a superar. E, enquanto amadurecemos e passamos à idade adulta, essas crenças tornam-se cada vez mais fortes. Oh, nós rezamos para nos livrar da "armadilha traiçoeira e da pestilência infecta" — mas, na maioria das vezes, temos de encarar o desafio e abrir caminho através dele à custa dos nossos melhores esforços.

Agora ouvimos dizer que não só não havia um problema, mas também que não havia mente humana para resolvê-lo. Nós criamos o problema a partir do nosso sistema de falsas crenças e, assim, ele parecia verdadeiro para nós; mas não havia matéria, energia nem realidade por trás dele. Ele não era nada além de uma sombra de crenças atraindo a nossa atenção, que de fato demos, e tornamos o problema parte da nossa realidade.

O grande metafísico Emmet Fox escreveu:

> Um demônio em que você não acredita não pode fazer-lhe mal ou preocupá-lo. O Bicho-papão que vive debaixo das escadas do porão não pode assustar ou prejudicar você *agora*, porque você não acredita nele, mas quando você tinha três anos de idade era muito diferente. Então ele tinha o poder de fazer o seu coração bater acelerado. (...) Ainda assim, hoje ele não pode provocar uma piscadela — porque você não acredita nele. Essa é toda a diferença. Nada mudou na realidade. Não existe Bicho-papão, e nunca existiu nenhum; a diferença está em você.
>
> Agora, acontece exatamente o mesmo com qualquer outro tipo de demônio que possa estar aparecendo na sua vida, pois todo demônio é um bicho-papão. Ele está lá apenas porque você acredita nele, e ele vai desaparecer na hora assim que você parar de acreditar nele. A única "vida" que ele tem é a que recebe de você. O único poder que ele exerce sobre você é o que você lhe dá com a sua crença.[1]

Como fazemos para parar de acreditar no bicho-papão? Em primeiro lugar, compreendendo que na nossa Consciência Divina, como está exemplificado pela Pessoa Perfeita do Modelo de Jesus, nunca teve nem nunca terá nenhum tipo de dificuldade.

Em segundo lugar, tornando-nos conscientes do único Eu interior e deixando que Ele mude a aparência, o que pode acontecer de duas maneiras. Em primeiro lugar, o Espírito "estoura a bolha" da falsa crença — muda a energia desqualificada que estamos mantendo —, o que então nos revela que, antes de mais nada, não havia realmente um problema.

Por exemplo, quando não conseguimos tirar nenhuma água da torneira, eu chamaria o encanador. Ele verificaria a caixa-d'água (nós temos o nosso próprio poço) e a encontraria vazia. Ele diria: "Você está com um problema. Seu poço secou e você terá de cavar outro — isso provavelmente vai custar caro."

Não são boas notícias, mas, depois de um profundo suspiro, ouço as palavras do meu íntimo: "Não se incomode com um problema que não existe." Nós chamamos a empresa de prospecção de poços e, depois de uma rápida verificação, eles descobrem um pequeno defeito na bomba e a consertam por uma módica quantia.

O Espírito também muda a aparência da situação proporcionando o que é necessário por meio de uma mudança na consciência. Eu me lembro do dia em que chegou uma carta do Imposto de Renda pelo correio, exigindo um pagamento muito acima do que dispúnhamos na ocasião — e eles queriam o pagamento *imediatamente.* Então esse Bicho-papão pareceu bem verdadeiro para mim, e eu o via toda vez que pensava em pagar a dívida. Se eu tinha medo? Pode apostar! Então eu me concentrei na Presença interior como a solução para o problema. Em questão de minutos, ouvi a voz interior dizer: *"Eu sou o Imposto de Renda."*

O que isso significou para mim foi que não havia nada a temer, que cada fiscal do imposto era o Espírito de Deus (onipresença) e que a crença num ataque hostil de "fora" estava sendo anulado. Voltei para dentro de casa e comentei com a minha esposa, Jan, que estava tudo bem. Não, o Imposto de Renda não perdoou a dívida, mas três dias depois houve uma entrada de dinheiro suficiente para pagar a dívida sem precisar pedir dinheiro emprestado. *"...o que parece ameaçador, quando compreendido como impotência, vai desaparecer no nada de onde veio."*

Meditação

Esse problema que parece estar atraindo a minha atenção é algo que foi expresso pela minha crença em dois poderes. Mas, desde que o Espírito, o único Poder, está presente em toda parte, isso significa que a minha vida e o mundo estão repletos de harmonia, relacionamentos amorosos, saúde física, sucesso no devido lugar e abundância em profusão.

Então, onde está o problema? Ele não pode existir, pois era apenas uma crença, e esse pensamento equivocado é anulado pelo Espírito enquanto Ele passa através de mim para me revelar a Realidade do céu na terra.

Estou consciente da atividade do Espírito, o único poder em ação na minha consciência. Sinto o amor resplandecente, o poder radiante, o fluxo de sabedoria. Eu sou como Jesus, e tudo está bem.

LIÇÃO 8

Entenda a verdadeira prece

Sua Santidade, o Cristo, sabe tudo e está eternamente se expressando como perfeição na vida de cada pessoa. Entre em sintonia com essa expressão, que é a verdadeira prece. Não dê ordens. Admita a sabedoria e a atividade do Espírito e fique em paz.

A mensagem aqui é *onisciência* — a verdade que o Eu único conhece completamente e que a atividade do Eu está em constante e contínua realização sem ser requisitado para isso. Isso retrocede ao processo natural do universo em que tudo está sendo mantido no Padrão Divino o tempo todo — perfeição, abundância, relações verdadeiras e sucesso legítimo. E isso inclui cada um dos seres. O Espírito conhece as nossas necessidades e é com grande amor e alegria que cada necessidade é satisfeita, mesmo antes de sentirmos a pressão emocional da carência do mundo.

Quando estamos absolutamente conscientes dessa verdade, entramos em sintonia com o Espírito e a nossa mente e a nossa natureza sensível registram a sensação de *ter*. Essa satisfação então se irradia pela, através e como a nossa consciência, sem que tenhamos de pedir ou de rezar da maneira tradicional. Na verdade, a oração petitória pode ser um bloqueio à ordem natural porque nos concentramos no problema em vez de na solução. Acreditamos que Deus não conhece a nossa situação e temos de informar a Presença das nossas necessidades. Além disso, estamos pedindo algo a ser sanado no mundo exterior quando a cura só deve acontecer interiormente, na consciência.

No meu livro, *With Wings As Eagles*, eu escrevi:

> A Sabedoria de Deus é a resposta ao problema e à satisfação da necessidade. O Espírito não pode conhecer algo sem entrar em ação! O Espírito é sabedor, Ele é ser e, uma vez que o Espírito é Onisciente, Ele está eternamente expressando (sendo) satisfação total em todas as áreas da sua vida. Você tem um problema financeiro, de saúde, de relacionamento ou de trabalho? Pois fique certo de que o Espírito sabe a respeito desse problema, e essa, meu amigo, é a resposta à sua prece.[1]

Sim, o Espírito sabe, e a atividade do Espírito aparece na nossa vida quando estamos *conscientemente unidos* com essa Sapiência. Devemos pensar como o Espírito *sabe* — que somos ricos, íntegros, amados e maravilhosamente bem-sucedidos. E com esses pensamentos de EU SOU e EU TENHO — de acordo com a nossa Consciência Divina — nos tornamos a Lei da Harmonia no nosso mundo. Do contrário, quando oramos com a noção temerosa do ego de carência, doença e fracasso, estamos afirmando que *não temos* — e "ao que não tem, até aquilo que tem lhe será tirado". Essa é também a Lei em vigor, sempre aplicada de acordo com as nossas crenças.

Ao começar este dia, faça as suas preces em comunhão com o seu Eu glorioso e que elas sejam uma afirmação da Verdade do seu Ser. Sinta a radiação ocupando todo o seu ser — Espírito em expressão — e afirme que Deus ama você, não impede nada e está a todo momento Se satisfazendo como você, oferecendo tudo o que você possa desejar. Sintonize os seus pensamentos com o Espírito, confie plenamente e observe o seu mundo se endireitar outra vez.

Meditação

Estou conscientemente unido com a Mente Infinita no meu íntimo e, por meio dessa consciência pulsante em todo o meu ser, eu entendo a Onisciência. Meu Espírito sabe tudo, observa todas as minhas necessidades e, com amor interminável, já atendeu a essas necessidades.

Na verdade, não há nada a pedir. Eu simplesmente tenho de manter a minha consciência voltada para a Onisciência e Sua divina atividade. Essa atividade é Onipotente, o único poder, vertendo a partir de mim como um manancial inesgotável para revelar e expressar uma vida plena, completa e cheia de alegrias. Estou consciente disso. Eu entendo isso. Vejo isso. Sei disso.

Lição 9
Eleve a visão ainda mais

*Você escolhe qual realidade vai viver,
pois existe mais de uma porta na consciência.
Qualquer uma que você escolha, o seu
Eu vai encontrar você lá, seja para
ajudar, seja para aplaudir. Permita que
a sua escolha seja aquela que atenda
aos seus ideais mais elevados,
e a visão será atendida.*

Sabemos que, quando entendemos plenamente a Presença Divina, o nosso Eu único, o nosso mundo será uma expressão ou reprodução perfeita da vontade do Eu e do seu propósito de uma vida em maior abundância. Até então, vamos passar por diversos graus de realização e, a cada nova compreensão, devemos ter uma demonstração correspondente da nossa Verdade de Ser. Mas nós ainda podemos não estar vivendo em completa felicidade e harmonia. Embora as curvas e quedas abruptas da montanha-russa tenham se atenuado, a corrida parece que vai continuar.

Então, qual é a nossa responsabilidade até o momento em que nós *sabemos o que eu sei?* É por meio da prática contínua dos *Ideais* — a vida ideal em todas as partes que a compõem. E ver com a visão mais elevada que nos deixa numa freqüência mais alta pela qual o Espírito se irradia como a nossa consciência, para manifestar condições equivalentes e experiências na vida.

Eu me lembro do Programa Não-Humano de 60 dias que apresentei no meu livro *A Spiritual Philosophy for the New World.* O programa produz milagres quando nos submetemos totalmente ao Espírito num modo de eu-sozinho-não-posso-fazer-nada, e continuamos com a expansão da consciência. Mas aqueles de vocês que passaram pelo processo de 60 dias sabem que submeter-se não é o fim, mas apenas o começo. A idéia geral é romper a relação com o ego e o sentimento de separação com o Eu único, e passar para uma nova altitude de consciência, em que se pode fazer todas as coisas por meio de uma consciência do Ideal e, finalmente, para a experiência de realização onde se declara: "Eu *SOU* todas as coisas; Eu sou *o que* EU SOU."

Submeter-se ao Poder Superior e manter a mente concentrada no Espírito — na Sabedoria e na Atividade divinas do nosso Eu único — fornece um canal de consciência pelo qual o Espírito se expressa. Entretanto, em que freqüência de consciência estamos mantendo essa consciência? Posso estar numa freqüência inferior — que vem a ser a minha realidade no momento — e ainda assim estar "intelectualmente" consciente da Presença interior, e o meu Eu vai me ajudar de todas as maneiras necessárias nesse nível.

O poder de Deus nos alcança seja qual for o nível de consciência em que possamos estar no momento. Talvez outra maneira de dizer a mesma coisa seja explicar que o nosso mundo é sempre um reflexo de como pensamos e sentimos. É assim que a Lei funciona. O poder atua junto a você, e para você, apenas do modo como ele age *como* você.

Por exemplo, um amigo meu foi demitido do emprego e, durante vários dias, meditou sobre a Presença interior como um modo de encontrar a oportunidade de trabalho ideal — e o Espírito o atendeu no nível em que ele manteve a consciência. Ele conseguiu encontrar o emprego que lhe dava o rendimento suficiente para pagar as contas, mas estava muito longe de atender ao seu talento e capacidade. No fundo, em determinado nível de consciência, ele escolheu uma realidade baseada na idéia de si mesmo como indigno e de pouco valor para os outros. Mas, mesmo nesse nível de desvalorização, suas necessidades básicas foram atendidas.

Uma mulher trabalhou com a sua consciência do Espírito como o canal para lhe trazer o homem certo para a sua vida — e atraiu um que lhe deu muitos presentes e um novo estilo de vida de sofisticação e aventura, mas não havia um amor verdadeiro no relacionamento e ele não durou. A Lei de Atração atuou com perfeição para corresponder à altura e tonalidade da consciência dela.

O *EU* Divino diz: "Eu chego e bato à porta." Como um Ser onipresente na consciência, a nossa Santidade está em todas as portas — em cada campo de realidade possível no nosso mundo freqüencial. Qual porta você vai abrir? *"Deixe que a sua escolha seja aquela que atenda aos seus ideais mais elevados, e a visão será atendida."*

Qual é a sua vida ideal? O que você vê é aquilo que vai se tornar. Tive uma experiência que me mostrou que existem muitas realidades diferentes nos nossos campos de energia. Eu estava sentado na nossa sala de estar, conversando com Jan sobre um filme que iríamos assistir à noite, quando de repente avistei diversos "discos de energia" flutuando ao meu redor, cada um deles com uma cauda luminosa. Os pêlos dos meus braços se eriçaram e eu perguntei a mim mesmo intimamente o que era aquilo. A resposta do meu íntimo: "São campos de realidade (...) você dentro de um deles no momento (...) alguns são mais baixos, outros mais elevados."

Imediatamente pensei sobre a minha vida e os seus diversos aspectos — o meu corpo físico, a carreira que eu seguia, as minhas finanças, a minha casa, os meus amigos e o grau de realização em que me encontrava. E então compreendi que eu estava vendo o que considerava como sendo a minha "realidade atual". O que é perfeito? Nada, considerando-se os detalhes. E então eu ouvi: "Qual é a sua realidade ideal?" À medida que essa realidade começou a tomar forma na minha mente, a voz disse: "Escolha essa realidade, viva-a na consciência."

Desde essa ocasião, compreendi que toda escolha que fazemos na vida dá início a uma reação em cadeia que desencadeia uma realidade alternativa e que, quando mudamos de idéia e tomamos outro rumo, a realidade anterior permanece. Assim, durante todo o tempo, temos diversos "mundos de vida", vinculados ao nosso campo de consciência.

"Você tem uma escolha sobre qual realidade vai viver." Esses mundos de vida podem representar uma realidade em débito, uma experiência aparentemente factual de doença e o que pode ser considerado a verdade do fracasso, relacionamentos rompidos, solidão e tristeza. Há também a vida do "conseguir" — de contrapor o bem contra o mal, da esperança e da luta. E a maioria das pessoas viveu o momento do "grande salto", com a sua abundância e carência, seus altos e baixos na saúde, sucesso e fracasso, amor maravilhoso e a conseqüente amargura de sua extinção. Isso é como passar de uma realidade para outra e repetir tudo outra vez.

Qual é a *sua* realidade ideal? Em primeiro lugar, tome consciência o mais profundamente possível da Onisciência; compreenda que o *Eu* interior sabe tudo e é sempre a satisfação ou realização eterna. Agora passe à verdade da Onipotência — de que existe não um poder, mas o poder interior, e que tudo no mundo das aparências não é poder. Então considere a Onipresença, e compreenda que a Sapiência infinita e o Poder-para-o-bem está presente em toda parte na sua vida.

Agora deixe que a sua consciência passe para a verdade segundo a qual o que quer que você possa ver na mente e sentir no coração já faz parte da sua realidade superior. Esse é o reconhecimento de Ter-no-momento-presente. Agora torne-se uma coisa só com essa nova realidade, dando ao Espírito o padrão de expressão perfeito. Capte a imagem do corpo perfeito — energia radiante, vibrante, vital e perfeita. Não tente mudar ou melhorar o corpo da outra realidade procurando vê-lo de outra maneira. Em vez disso, aceite que o Espírito é o Corpo único e na sua nova realidade você tem apenas perfeição. *Eu tenho o Corpo Ideal.* E o que você vê interiormente, você se tornará exteriormente.

Veja a liberdade financeira perfeita, vivendo completamente sem dívidas e desfrutando da realização da abundância. Não se preocupe com os efeitos; concentre a imaginação na tela da sua mente, lembrando-se de que esse é um mundo de energia e que você está trabalhando com forças eletromagnéticas na consciência. Em vez de contar dinheiro ou ver a si mesmo gastando ao bel-prazer, *funda-se* com a energia da abundância, abundância onipresente, concentrando-se no ponto de contato interior do que representa as finanças perfeitas. *Eu vivo na Riqueza Ideal!*

Veja o seu ideal mais elevado de sucesso criativo. Concentre-se apenas na perfeição dos relacionamentos. Sinta o ambiente perfeito da casa ideal. Estenda a mão para a visão mais elevada da vida em todos os seus aspectos, mantenha essa visão e deixe que ela se absorva na consciência como padrão de perfeição.

Mencionei acima a casa ideal, o que traz à baila uma história interessante. Pouco antes de nos mudarmos, junto com a equipe da Quartus, de Austin para Boerne, Jan e eu dedicávamos o nosso tempo diariamente ao Programa Não-Humano de 60 Dias, o que significa que tínhamos nos entregado à experiência integral do Espírito. Tudo seguia suavemente como seda, a não ser que logo não conseguíamos encontrar a casa certa para nós. Então Jan começou a meditar e ouviu as seguintes palavras: "Vou na frente para preparar um lugar para vocês." Que tipo de lugar? Jan não especificou uma forma de arquitetura em especial, nem a disposição dos quartos, nem uma observação da vizinhança. Depois disso, ela simplesmente estava certa de que já tínhamos a Casa Ideal, e na imaginação dela via-nos vivendo alegremente e brincando com a nossa cadela Maggi na casa perfeita — e ela deixou que o Ideal fosse absorvido pela sua consciência.

Antes de voltarmos a Boerne para tornar a olhar, Jan ligou para o corretor de imóveis de lá e perguntou sobre uma determinada área fora da cidade. Nós queríamos *arrendar* uma casa, e o corretor de imóveis disse a ela que lá havia apenas casas para *vender,* e então comentou sobre uma determinada casa.

Jan disse: "Queremos dar uma olhada nela." O corretor concordou, mas disse que o proprietário deixaria a casa apodrecer antes de arrendá-la. Fomos vê-la assim mesmo e, quando entramos, decidimos que aquela seria a nossa casa. Ali havia um estúdio para mim, uma sala para Jan trabalhar quando não estivesse no escritório, duas salas de estar, e a casa estava situada num terreno de 1.200 metros quadrados todo arborizado e com uma piscina. Eu disse ao corretor para fazer uma proposta de arrendamento sobre a casa e especifiquei quanto estávamos dispostos a pagar. Ele apresentou a proposta ao proprietário e ficou chocado quando a proposta foi aceita. Uns dois anos depois, compramos a casa por $75.000 a menos do que o preço de mercado. Na consciência, os *ideais* operam milagres!

Em 1º de janeiro de 1997, Jan escreveu em seu diário:

Passando ao espaço interior, contemplei o ano que findava. O que eu queria deixar passar, deixar para trás em 1996 enquanto eu pisava a neve fresca de 1997? Vejo que o que deve ser deixado para trás é "a crença" no que quer que eu queira deixar para trás, pois a "crença" é o que causa a "manifestação". Assim eu deixo para trás a crença de que existe ou possa existir qualquer tipo de limitação. Deixo de lado a crença de que todo mundo está errado, de que ninguém tem amor nem realização. Deixo para trás a crença no stress, na tensão, na discórdia, na doença, no envelhecimento; a crença de que há falta de tempo ou de energia. Deixo para trás a crença de que eu não vivo num mundo perfeito, harmonioso, alegre, próspero e adorável. EU VIVO NUM MUNDO PERFEITO. Não há muito mais a dizer do que isso.

Deixe de lado as falsas "crenças" e encontre o seu mundo perfeito, e saiba que tudo o que você vê e sente mentalmente e no coração é real. Ele é seu agora, no fundo da consciência, e não deixe que nada distraia a sua visão. Essa é a sua realidade atual, um campo de força para a perfeição em cada detalhe. Viva-o. Seja ele. E o Espírito fará o resto.

Meditação

Neste momento, eu ingresso numa Nova Realidade, a minha Vida Ideal, em que tudo é perfeito. Volto-me para dentro e vejo e sei e sinto o Corpo Ideal de energia pura — perfeito, radiante e cheio da singular Vida do Espírito. Eu vivo o Ideal de Corpo.

Eu vivo e ando e tenho o meu ser em plena abundância, e vejo apenas desde a visão mais elevada da perfeição e da plenitude dos meus assuntos financeiros. Eu vivo o Ideal de Abundância.

Eu vejo o meu Ideal de sucesso criativo perfeito e, no espírito do Ter, sei que o que eu vejo eu devo me tornar. Eu sou a plenitude da conquista perfeita, da vitória e do triunfo total. Eu vivo o Ideal de Sucesso.

Meus relacionamentos são perfeitos, pois eu estou amando e sou amado, e me vejo como todo mundo. Eu dou a todos a felicidade e a harmonia que EU SOU e TENHO, o que é superabundante e interminável. Eu vivo o Ideal de Relacionamento.

Todos os outros detalhes da minha vida são perfeitos. Essa é agora a minha Realidade, e eu vejo como o meu mundo reflete essa perfeição. Eu vivo o Ideal de Vida.

Lição 10

Conheça a única presença capaz de curar

*Somente o Espírito de Deus pode curar,
O que você é, pois Ele é a atividade da única
Vida que é perfeita. Nada é impossível
quando você conhece o significado
da Vida onipresente e da impotência
dos efeitos. Entenda e esteja ciente da energia
radiante da Palavra de Deus, assim como
da Lei da Perfeição. Seja o poder de cura.*

Por causa da aparente necessidade mundial de curas físicas na vida cotidiana, vou apresentar mais pesquisas e uma interpretação em profundidade sobre esta lição em particular. A cura é uma parte do processo natural de ordem, e somos todos agentes de cura. Portanto, temos de entender — sem sombra de dúvida — que *nada é impossível*. A restauração da nossa mente, das nossas emoções e do nosso corpo para o Padrão Divino é uma atividade do nosso Eu Sagrado atuando *por meio* da consciência que temos da Sua Presença e Poder. E independentemente da situação que as nossas falsas crenças tenham criado, ela pode ser corrigida. "Não existe nenhum tipo de dificuldade." O mesmo princípio se aplica na cura das outras pessoas. Quando temos consciência da nossa Identidade Divina — e de todas as outras pessoas como o *Eu-Espírito-Vida* de Deus — o *Eu* da pessoa é libertado das falsas crenças para praticar o seu trabalho de cura. Essa é a importância verdadeira da *onipresença*.

Quando Jan teve um ataque cardíaco fulminante e foi declarada clinicamente morta, ela viajou além do véu, experimentou a plenitude do seu Eu e conseguiu retornar com uma consciência e uma compreensão elevadas da sua verdadeira natureza. E a volta dela para este plano e sua recuperação acelerada se deveram em parte a muitas pessoas que se deslocaram até o reino do *Eu-Espírito-Vida,* acelerando assim a intenção básica do sistema físico de Jan. Desde então, ela tem tido a oportunidade de demonstrar a presença da cura e o poder únicos que existem dentro de todos nós.

Em momentos e locais diferentes, homens e mulheres queixando-se de graves dores de cabeça foram tocados por Jan, e a dor desapareceu imediatamente. Uma amiga nossa procurou um médico e este lhe disse que ela tinha um grande tumor. Quando ela voltou algumas semanas mais tarde, o tumor havia desaparecido. O que aconteceu? A mãe dela chamou Jan, que imediatamente começou a meditar, sabendo que existe apenas um Eu Universal — o Eu verdadeiro e perfeito de todos. No fundo da sua consciência do *Eu* único, ela viu a doença como algo sem força, e sem lei que a sustentasse; portanto, a doença não podia ser real. Mas Jan sabia que ela não era o poder de cura; ela era simplesmente um ponto da onipresença. Em Espírito, ela e a amiga tornaram-se uma coisa só e a compreensão de Jan dessa verdade liberou o poder de cura para revelar a realidade da perfeição.

Ao longo das eras, houve demonstrações de curas incríveis — não por parte de uma mente pessoal, mas pelo *Eu* onipresente atuando *por meio* dos agentes de cura. De acordo com as aparências externas, esses agentes de cura são considerados seres humanos normais; ainda assim eles têm realizado seu poder interior e são capazes de realizar esses aparentes milagres. Jan e eu temos testemunhado esses milagres em primeira mão, e um grande número de casos foram registrados pela Academia Americana de Parapsicologia e Medicina, pela Associação Médica Americana, pelo Instituto Nacional de Fisiologia de Moscou, pela Associação Médica Britânica e pela Comissão Médica do Vaticano.

Entre eles, inclui-se o caso de uma mulher que vê através dos "olhos cegos", depois de o seu nervo óptico ter sido seccionado; a remoção instantânea de tumores cancerígenos; curas misteriosas de praticamente todo tipo de doença, a cura de todos os tipos de ferimento — alguns considerados "mortais" — sem a ajuda do médico, a reconstituição em segundos de uma perna lesionada e a volta à normalidade de pessoas consideradas mentalmente retardadas. *"Nada é impossível quando se entende o significado da onipresença e da impotência dos efeitos."*

Lembro-me de, quando criança, ter ficado chocado com os caubóis sendo mortos a bala num filme. *Não é possível,* pensava eu — o corpo devia ser capaz de curar a si mesmo. Eu assisti a esse filme quatro vezes, levantando-me do assento entre as sessões, tentando imaginar o que estava errado. (Minha mãe pensou que eu tinha sido seqüestrado e telefonou para o xerife.) Talvez eu estivesse sintonizado com alguma memória antiga que me fazia lembrar de que a Vida está constantemente criando um corpo e você não pode matar a Vida.

Mais tarde, na década de 1940, ouvi muitas "histórias de guerra" — algumas raiando o místico e o misterioso, outras absurdamente incríveis, como a cura espontânea de ferimentos de bala de metralhadora por "alguma força desconhecida". Talvez você também queira conversar com médicos e enfermeiras do setor de emergência de hospitais e perguntar sobre eventos fora do normal que tenham ocorrido. Se encontrar alguém que confie em você, pode ser que a pessoa comente sobre situações "intrigantes" em que uma pessoa apresentou uma cura repentina e inexplicável.

Em seu livro *Wisdom of the Mystic Masters,* o escritor Joseph J. Weed conta sobre a cura de um cão por "um estudante prestes a se formar":

> Um dia, enquanto eu andava pelo campo com o meu cachorro, um setter irlandês, ele correu atrás de um coelho e encurralou-o atrás de um arbusto. Em sua excitação, ele pulou sobre o arbusto e um galho quebrou-se e entrou em seu olho. Era horrível olhar para ele, com a extremidade do graveto saindo do olho e algumas gotas de sangue escorrendo do ferimento. Chamei-o para junto de mim e, com a sua cabeça apoiada no colo, com um puxão arranquei o graveto. O ferimento era profundo e extenso, mas o mantive quieto e lhe dei alguns tratamentos positivos, dirigindo a energia para a coluna, diretamente atrás da cabeça, e ao mesmo tempo visualizando a energia fluindo para o olho e curando-o.
> Depois de cerca de dez minutos, levantei-lhe a cabeça e olhei para o seu olho. A hemorragia havia estancado e o ferimento estava bem menor. Eu podia ver naquele momento que a perfuração ocorrera na porção inferior do globo ocular, logo abaixo da pupila. Com ele na coleira para mantê-lo quieto, voltei para casa, em quase uma hora de caminhada. Ele não parecia incomodado e caminhava em silêncio ao meu lado. Quando chegamos em casa, outra olhada me mostrou que o ferimento se reduzira a um ponto e, na manhã seguinte, não havia mais vestígio dele, nem sequer uma cicatriz.[1]

Um homem que conhecíamos sofrera na perna uma grave fratura que tinha se solidificado como resultado de muitos enxertos e era da espessura de um cabo de vassoura. Numa experiência "sob a Luz", a perna tornou a recobrir-se de carne e ficou perfeita de novo — uma cura instantânea com regeneração completa dos ossos e dos tecidos. E esse caso foi amplamente documentado pela esposa e pelos amigos dele.

No livro de Michael Talbot, *The Holographic Universe*, ele documenta o caso de Vittorio Michelli e a regeneração de ossos — uma impossibilidade, de acordo com a comunidade médica. Entretanto, conforme a Comissão Médica do Vaticano declarou em seu relatório oficial: "Ocorreu uma reconstituição considerável da cavidade do osso ilíaco. Os raios X feitos em 1964, 1965, 1968 e 1969 confirmam categoricamente, e sem sombra de dúvida, que ocorreu uma reconstituição de ossos desconhecida e até mesmo assombrosa, de um tipo desconhecido nos anais da medicina mundial."[2]

Talbot também comenta sobre Marin Dajo, atingido por um florete de esgrima "que lhe atravessou completamente o corpo, atingindo claramente órgãos vitais mas sem causar nenhum ferimento ou dor em Dajo (...); quando o florete foi retirado, Dajo não sangrou e apenas ficou com uma marca avermelhada no local onde o florete havia entrado e saído".[3] Nesse caso, Dajo tinha total controle do seu próprio corpo, mas isso demonstra outra vez que *nada é impossível*.

Há também a cura formidável de Sigrun Seutemann. Ela sofreu "uma colisão de frente com um caminhão, que amassou a metade dianteira do seu carro a tal ponto que foi necessário cortá-lo em pedaços para tirá-la dos destroços. Ela estava horrivelmente mutilada com o que mais tarde se revelou serem 18 fraturas. Seu tornozelo fora triturado. Sua testa, das sobrancelhas até os cabelos, estava cortada em fatias, e toda a pele que havia sob o queixo estava caída sobre o seu peito. Ela foi considerada um caso perdido por causa da perda de sangue".[4] Embora a cura de Seutemann não possa ser considerada instantânea, sua recuperação foi milagrosa, graças aos agentes de cura que atuaram sobre ela. Ela melhorou de uma maneira tão impressionante que nem foi preciso fazer cirurgia plástica, e logo ela estava andando sem a ajuda de muletas.

Curas milagrosas têm ocorrido no passado, e os quatro Evangelhos estão cheios de exemplos de curas individuais e coletivas praticadas por Jesus. Vamos começar com a criança morta em Lucas 8:53-55: "E riam-se dele, sabendo que ela estava morta. Então ele, tomando-lhe a mão, exclamou: 'Menina, levanta-te'. E o seu espírito voltou, e ela se levantou imediatamente; e Jesus mandou que lhe dessem de comer. E seus pais ficaram maravilhados." Agora lembre-se da afirmação de Jesus, em João 14:12, de que "nós somos capazes de feitos ainda maiores do que esse".

Em *Decline and Fall of the Roman Empire,* o autor Edward Gibbon relata que, durante o primeiro século do cristianismo, os coxos andavam, os cegos viam, os doentes eram curados e os mortos ressuscitavam, esse último considerado um acontecimento comum. E há a história de São Francisco de Assis (1182-1226) curando um leproso:

> Disse São Francisco: "O que desejares eu farei." (...) após o que, ele desnudou o homem e começou a lavá-lo com as próprias mãos, enquanto outro frade despejava a água; e por um Milagre Divino, depois de São Francisco tocar o homem com suas mãos sagradas, a lepra desapareceu e a carne permaneceu perfeitamente sadia.[5]

E os milagres continuaram, mas foi apenas na primeira metade do século XX que tiveram início as pesquisas sobre o que podia ser chamado de curas "paranormais". No livro *Healers and the Healing Process* (organizado por George W. Meek), um relatório sobre dez anos de pesquisas por catorze pesquisadores mundialmente famosos, podemos ler:

> Quase dois terços do corpo adulto se compõem de água. (...) A importância disso para a nossa compreensão da cura é que a água é extremamente sensível a muitos tipos de radiação. O cientista e pesquisador da indústria norte-americana Robert N. Miller e o físico

prof. Phillip B. Reinhart atualmente já imaginam quatro meios instrumentais separados para mostrar que parte da energia que flui das mãos de um agente de cura pode provocar uma alteração da ligação molecular entre as moléculas de hidrogênio e oxigênio na água.[6]

Há também um relatório dos Laboratórios Delawarr, da Inglaterra, sobre a água encanada que foi fotografada por uma câmara radiônica e que revelou uma estrutura molecular normal. No entanto, quando a água era *benzida,* havia um padrão de energia completamente diferente. Se pensarmos na água como uma energia líquida particular que constitui a maior parte da nossa composição, e que essa energia é altamente suscetível ao poder de cura ou de bênção, podemos perceber como um toque ou radiação de mãos pode produzir um efeito formidável — especialmente quando o agente de cura está sintonizado com a sua Consciência Divina. Acho que era esse o caso quando Jan tocava as pessoas com graves dores de cabeça. Cerca de 80 por cento da superfície da cabeça não é nada além de água "extremamente sensível"!

"Entenda e esteja ciente da energia radiante da Palavra de Deus como a Lei da Perfeição. Seja o poder de cura." Para entender o que acontece, vamos observar a citação do prof. William Tiller, da Universidade de Stanford, em *Healers and the Healing Process:*

> Por meio de forças mentais, pode-se criar um padrão e esse padrão passa a atuar como um campo de força que afeta o nível seguinte da matéria. Por sua vez, esse campo de força é uma força para organizar os átomos e moléculas em configurações naquele nível de matéria. Esse padrão de matéria no nível etérico, então, é um estado particular de organização e tem o seu próprio campo de radiação — o seu próprio campo de força, se preferirem — e esse campo de força é um campo para a organização da matéria no nível seguinte da matéria — o nível físico da matéria. Essas forças

etéricas passam a cuidar da coalescência e da organização da matéria no seu nível físico da matéria.[7]

Isso está especificamente relacionado com as informações que recebi enquanto um dia eu meditava sobre o que chamei de Princípio de Cura. A voz interior me disse: *"Os corpos são cinco, mas cinco não são. O primeiro é a natureza espiritual eterna da perfeição. Cure a confusão do segundo, o corpo mental, e a mente fica clara. Cure o plano do terceiro, o corpo emocional, e as emoções são tranqüilizadas. Cure o revestimento do quarto, o corpo etérico, e o físico estará bem."*

O padrão de cura inicial, criado por uma profunda consciência do *Eu* interior Sagrado — com ou sem um toque das mãos — ocorre no corpo mental, aquele reino de energia que está mais próximo da Consciência Divina. Lá ele produz um campo de força que "atua sobre o nível seguinte da matéria". Isso continua até ele atingir o corpo etérico, que então organiza os átomos e moléculas para o nível físico.

De novo, o que é a força motivadora, a intenção primária, para tudo isso? O único Eu que temos, o *Eu* Mestre — onisciente, onipotente e onipresente. Como eu já disse, todos somos agentes de cura e a maior realização de Quem e o Que nós somos, o maior poder de cura, para nós mesmos e os outros.

Uma vez Jan escreveu aos membros da Quartus Society, a organização dos sócios da Quartus Foundation: "Vamos curar os doentes. Temos o poder e não tenho medo de tentar. Talvez no início não consigamos fazer isso de uma maneira muito significativa, mas está na hora de começar. (...) Toda vez que tentarmos e nos comprometermos um pouco, isso abrirá a porta para uma demonstração maior."

Acho que isso é especialmente verdade quando aplicamos os princípios contidos no Código de Jesus.

Meditação

Eu sou uma energia de cura para os outros, pois Eu sou onipresente, unido a tudo na unidade de toda a vida. Vejo a todos como o meu Eu, e o poder é liberado para revelar a realidade da perfeição.

Agora Eu deixo a Luz do Espírito ir adiante de mim para provar que nada é impossível, enquanto Ela estabelece o campo de força para a perfeição, independentemente da situação ou das condições. A Intenção Divina do Espírito nunca falha.

Eu sou uma influência de cura aonde quer que eu vá e todo aquele que eu toco sente a radiação poderosa do Espírito. Eu sou Você e Você é Eu, e nós somos um eternamente na Integridade da Perfeição.

Lição 11

Cure a si mesmo

*O corpo se mantém íntegro quando você vive
na Consciência superior e de acordo com ela.
Abra-se para a Presença de Cura, para o Poder Único,
e seja saudável. Não limite a sua visão para ver
a perfeição. Una-se ao propósito
do Amor e receba o influxo. Sinta a energia como
Luz purificadora ao longo de todo o corpo.
A doença só existe se você acreditar nela. Como você
pode ser curado de algo que é real e ao mesmo tempo
não é? Saiba que apenas os pensamentos e as
emoções precisam de cura. Consinta na cura.
Concorde. Deixe que o efeito do pensamento-ferida
emocional seja curado pelo Amor.*

Mais uma vez, vemos como é essencial viver no *Eu* do nosso ser e como ele, e ver apenas o Ideal de Corpo. Essencialmente, o que nós pensamos que seja o corpo físico é uma escultura de luz — energia pura, pulsante, que incorpora o padrão perfeito para a manifestação do que percebemos como forma. Mas a realidade do nosso mundo é pura energia e, à medida que evoluímos para a consciência superior, vemos a aparência etérea da estrutura sólida, enquanto o padrão de energia que está por trás da forma começa a se revelar. Essa "realidade refulgente" também nos revela que não há desintegração, doença ou envelhecimento na configuração energética e, enquanto tivermos em mente essa idéia, o objeto visto como sólido começa a refletir sua verdadeira perfeição. Esse processo pode ser simulado pela abstração — em outras palavras, ver um corpo físico como um campo de luz pura pela faculdade da imaginação.

Lembre-se de que nós criamos o nosso mundo objetivo pela focalização da consciência. No ponto em que a luz e a lente da mente se encontram, obtemos imagens claras e bem-definidas da vida objetiva e, assim, percebemos o nosso mundo pessoal. E o que se desenvolveram foram padrões energéticos que "congelamos" no tempo e no espaço para parecerem como forma e experiência. Muitas vezes, contudo, nosso foco foi uma criação às avessas, e obtivemos imagens que não queríamos desenvolver. Por exemplo, quando apareceu uma angústia no corpo, nós a energizamos ainda mais e a tornamos uma doença pela focalização no problema, vendo-a piorar. E assim aconteceu. O segredo aqui é focalizar apenas a perfeição do nosso Ser. Vamos voltar agora ao "início" e ver como a forma física foi criada.

Nos vãos obscuros do passado remoto, formou-se na consciência um arquétipo do corpo — um modelo ou padrão original de estrutura atômica num campo de energia, o qual se tornou visível para nós por intermédio da atividade mental. No protótipo estava incluído tudo o que era necessário para viver nos elementos do plano físico mais denso e, a partir desse modelo, ondas de luz irradiaram linhas de força, produzindo um agrupamento de átomos. Isso resultou em células que formaram tecidos, órgãos, uma corrente de vida que chamamos sangue, um órgão musculoso para bombeá-lo, um órgão de respiração externa para dar ao sangue o suprimento de oxigênio, um órgão para limpar o sangue, um sistema digestivo, um sistema esquelético-muscular, e assim por diante — tudo tornando-se visível numa faixa extremamente estreita do espectro eletromagnético. Ainda assim, o corpo inteiro nada mais é do que energia em movimento, "penugem macia". E, como já dissemos antes, originalmente nós tínhamos a capacidade de mudar a estrutura molecular e eliminar a aparência da forma.

Repito que nós não somos um corpo, mas *temos* um corpo enquanto estamos neste plano da existência. E o corpo pode ser mantido no grau de perfeição correspondente à nossa consciência, compreensão e conhecimento do *Eu-Espírito-Personalidade*. A onisciência e a onipotência do *Eu* é que cuida de tudo — quando estamos sintonizados com a Consciência Divina em pensamentos e sentimentos — até chegar a nossa hora de "nos deitar" e de voltar à nossa morada natural.

O nosso objetivo é disponibilizar continuamente o corpo para a Vida perfeita, considerá-lo como uma atividade de Vida e deixar que ele seja governado de maneira correspondente. O corpo é pura energia, mas, quando o vemos como algo mais, quando nos concentramos na doença e tentamos curar um órgão pelo pensamento, estamos aceitando a idéia de que existe um problema físico, separando-nos, assim, ainda mais do poder da Consciência Divina. O corpo não pode estar doente, porque a "doença" não existe em nenhum ponto do universo. Ela apenas parece provir de uma falsa crença, que não é real. Portanto, a saúde menos-que-perfeita existe apenas como forma-pensamento e não como realidade.

As falsas crenças causam o aparecimento da doença

O flagelo básico da consciência é a crença em dois poderes, que então se estilhaçam nessas crenças como separação da nossa Fonte, um Deus vingativo que deseja a doença, um universo malévolo, karma e hereditariedade — o que leva a julgamento, crítica, raiva, falta de perdão, culpa, desejos desenfreados e autopiedade.

Na Mente única, o *Eu* Onipresente, que inclui tudo o que existe em qualquer lugar e em toda parte, existe apenas uma

Onipotência — uma infinita Inclinação-para-o-Bem. Não existe outro poder. E é impossível para nós nos separarmos da nossa Fonte, porque somos essa Fonte na Autoconsciência consciente. Não existe outro Deus, o que significa que vivemos num universo totalmente benevolente.

O psicólogo inglês Charles F. Haanel escreveu:

> Existem aqueles que parecem pensar que a doença e o sofrimento são mandados por Deus; se fosse assim, todo médico, todo cirurgião e toda enfermeira da Cruz Vermelha estariam desafiando a vontade de Deus, e os hospitais seriam lugares de revolta em vez de casas de misericórdia. (...) A teologia tem tentado ensinar um Criador impossível, que teria criado seres capazes de pecar e, então, permitiu que fossem castigados eternamente por esses pecados. É claro, o resultado necessário dessa ignorância extraordinária foi a criação do medo em lugar do amor. (...)[1]

E quanto ao karma? Temos visto que ele não é nada mais que causa e efeito no plano inferior, sobre o qual nos elevamos quando aceitamos a nossa divindade — tão simples como dar um passo da sarjeta para o meio-fio. E quanto à hereditariedade? Quando encarnamos, realmente nos vinculamos a um determinado campo energético genealógico, mas com Deus como o elemento paternal da vida, como podemos herdar qualquer coisa além da perfeição?

Precisamos mudar de idéia e ver apenas a Verdade, o que significa a capacidade de ver a impotência das aparências. Quando paramos de temer o que está acontecendo no corpo, paramos de julgar, o que abre caminho para o *Eu* Onipotente revelar a realidade que existe por trás da ilusão.

Façamos uma pausa por um instante para uma meditação.

O que é isso no meu corpo que está chamando a minha atenção? É uma falsa crença que foi projetada no meu veículo material. Eu sei que o meu corpo não tem o poder de adoecer, pois ele não tem mente própria. Ele simplesmente está se alimentando de uma energia desqualificada, que está tomando a aparência de uma doença.

Agora eu me volto para o Eu único, o Eu que EU SOU, e descanso na certeza de que a Onisciência e a Onipotência estão mantendo o meu corpo em integridade perfeita. Eu direciono o meu olhar para a Presença que tudo sabe, o Poder único, e deixo a Luz resplandecente do Amor evoluir por meio dos meus sistemas mental e emocional, anulando falsas crenças e curando os padrões equivocados que criei.

Agora eu vejo apenas o Corpo Ideal, um puro campo de energia de perfeição, integridade absoluta, luz radiante — totalmente governado, mantido e sustentado pelo Espírito do Deus Vivo.

A lição deste capítulo também trata do uso da imaginação criativa para anular as falsas crenças. *"Não limite a sua visão para ver a perfeição."* O conceito aqui é o de que "a energia segue o pensamento" — um ensinamento básico nas Academias Sagradas do passado. Mas entenda que isso não significa manipulação do pensamento para mudar algo no sistema físico. Em vez disso, é usar a nossa mente para ver apenas a perfeição que já existe — ou seja, *não há nada para curar.*

Eis aqui um exercício de cura baseado na lição que Jan e eu costumamos usar. *"Una-se ao propósito do Amor e receba o influxo."* Fazemos isso começando com o centro energético localizado acima da cabeça (coroa), vendo a energia descer na forma de Amor-Luz purificadora através de todo o corpo. Procure fazer isso vendo e sentindo o fluxo de energia. Enquanto esse Amor-Luz flui para baixo, ele transmuta a energia negativa; ele rompe a prisão da falsa crença. E, por intermédio da sua faculdade de imaginação, você produz a imagem de um "corpo de luz" — o que você realmente é. E quanto mais você conserva essa imagem, mais a forma física funciona num nível superior.

A imaginação criativa é uma força tão poderosa (a visão para ver perfeição) que a energia pode ser direcionada e os pontos de atrito no campo áurico são eliminados, aliviando assim a pressão no sistema físico. Por exemplo, a maioria das enfermidades físicas é causada por perturbações no corpo emocional, aquela faixa de energia que envolve o físico e se pressiona de encontro ao etérico. Como um radar, faça uma "varredura" de suas emoções e registre os sinais — aqueles sentimentos reacionários de medo, culpa, ressentimento, desejos reprimidos, falta de dignidade e menosprezo por si mesmo. Agora, com os olhos da mente, imagine um feixe de raios *laser* de luz amorosa e envie-o para esse bicho-papão identificado e veja-o ser eliminado instantaneamente. Isso acontecerá porque *a energia segue o pensamento!* E continue dirigindo os raios até que você se sinta limpo e purificado de novo.

Outro exercício é descobrir onde a energia obscura está se manifestando como doença no físico. Depois de descobrir essa técnica, nós a temos usado em nossos cursos com resultados impressionantes. Em primeiro lugar, determine o centro de energia correspondente (chakra) que serve de entrada para a região afetada. Digamos que você tenha problemas de estômago. O centro correspondente ao estômago é o chakra do plexo solar. Com a faculdade da imaginação, veja uma luz atravessando esse chakra e banhando o estômago com o seu brilho. *"Deixe o efeito da ferida-pensamento emocional ser curado pelo amor."* Em outras palavras, consinta na cura da forma-pensamento emocional que foi projetada no estômago e não na cura do estômago em si.

Se a moléstia for na região da cabeça, dirija a luz para o chakra do terceiro olho, entre as sobrancelhas. No caso do pescoço e da garganta, para o chakra da garganta. No caso de coração e pulmões, para o chakra do coração. Entre o umbigo e os órgãos reprodutores, para o chakra do sacro. E da base da espinha até os pés, para o chakra da raiz.

Depois de cerca de um minuto de foco concentrado, retire a luz, pois uma atenção adicional à região afetada não é necessária e poderia causar agitação. Nossa experiência tem-nos demonstrado que o primeiro tratamento costuma ser suficiente, e então desligamos a nossa mente do problema e voltamos firmemente à consciência consciente do *Eu-Personalidade*. Caso se trate de um caso crônico, recomendam-se dois tratamentos ao dia, com uma meditação adicional sobre a libertação do sistema físico para o *Eu* Governante.

Em outra ocasião, ao meditar sobre a forma física, tive um fluxo de pensamentos que dizia o seguinte: *Deixe o seu exercício seguir o ritmo do universo... não busque o stress físico. Deixe a boa forma do corpo se revelar pela boa forma da mente, ainda que o exercício dos músculos contribua para o equilíbrio, para o porte e para a estabilidade da mente. Deixe o corpo e a mente trabalharem em sincronia.*

Eu senti que essa era uma referência direta aos exercícios do Tai Chi, que são sintonizados com a ordem natural e o "ritmo do universo". Esse método antigo de renovação fisiológica é altamente eficaz na cura e no retardamento do envelhecimento. A idéia é trabalhar com as forças da energia para harmonizar a respiração e cultivar uma maior circulação da energia pelos meridianos da acupuntura.

Se quiser, você pode enviar os seus próprios exercícios rítmicos, como a meditação em movimento, enquanto deixa o Espírito movimentar o seu corpo. Ou, como Jan me diz a cada dia quando caminha pelo nosso terreno: "Estou levando o corpo para caminhar." Pense nessa afirmação. Ela coloca tudo na devida perspectiva.

Lição 12
Entenda que a escassez não existe

*Por que você acredita na escassez?
A abundância pode se manifestar de modo
visível, mas a escassez não. A falta não tem
realidade e a crença de que ela
existe deve ser mudada.*

É preciso entender que a escassez, a deficiência, a falta e a limitação não são mais que sombras da realidade da abundância, e as sombras nunca podem ser reais. A escassez não pode se manifestar. O nada não pode tornar-se uma coisa. Zero vezes zero é igual a zero.

O universo imaterial infinito está literalmente estourando de energia criativa da abundância e encontra sua válvula de escape individualizando-se como cada um de nós. Então se irradia através da nossa consciência como forma e experiência manifestas. Portanto, no lado invisível, nós temos tudo — o nosso mundo é totalmente completo.

Quando observamos o nosso mundo visível, encontramos a mesma coisa. Dizem que, se todo o dinheiro que existe fosse dividido igualmente entre todas as pessoas da terra, todos nós seríamos multimilionários. (Mas aqueles que não têm a *consciência* da riqueza logo perderiam esse dinheiro para os que têm essa consciência.) E a Mãe Natureza nos mostra que ela certamente não acredita em escassez. Olhe ao seu redor.

Mas, e quanto às pessoas miseráveis do mundo? E o que dizer sobre aquelas que foram prósperas apenas para se ver de repente no buraco negro da falta de recursos? Isso torna a nos remeter outra vez àquela crença na escassez — ou a possibilidade de que ela possa, uma vez ou outra, erguer a sua horrível cabeça e tomar conta da nossa vida. Aqueles em que parece concretizar-se a pobreza serão libertados quando a mente coletiva mudar para a realidade espiritual. E as pessoas que entram e saem da prosperidade poderão voltar a trilhar o caminho da abundância ao mudar suas crenças pessoais. Lembre-se da lição: *"A falta não tem realidade, e a crença em que ela existe precisa ser mudada."*

Se tentarmos melhorar a nossa vida procurando manipular os efeitos (em vez de mudar as crenças), estaremos cavando um buraco ainda mais fundo de escassez para nós mesmos. Nas freqüências inferiores da consciência, a única coisa que talvez possamos fazer é trazer algum alívio paliativo à situação. A única mudança verdadeira na situação do mundo exterior será feita pela consciência espiritual — a mente que sabe que existe apenas uma Mente —, a consciência na unidade como o Eu Espiritual, concentrada interiormente e liberada exteriormente. Lembre-se, não temos de *conseguir* nada. Nós apenas temos de *dar*, liberando o fluxo de energia para fora. Com o propósito da mente, nós irradiamos a energia — fluímos, damos e produzimos.

Reflita sobre esses pensamentos:

Eu sou o Espírito de Deus em expressão individual. Portanto, tudo o que Deus é, EU SOU. Eu sou a incorporação de todas as energias de Deus, incluindo a abundância. Eu sou a abundância. Eu sou a abundância em profusão, e eu a deixo fluir para fora neste momento. Eu sou o fluxo da riqueza.

Eu sou o princípio da abundância, a lei da oferta, e a atividade da lei — o próprio amor de Deus — está constantemente resplandecendo por meio da identidade da abundância que eu mantenho diante dela. Eu estou refulgindo abundância.

Rezar por dinheiro pode limitar a vazão da energia da abundância em expressão manifesta. Nossas preces devem ser meditações por uma consciência mais profunda da Presença interior, uma compreensão maior do reino que nos foi dado — a Abundância Ideal — e um conhecimento mais claro de como a lei funciona.

A Presença é a nossa realidade. Ela é o único Eu que existe. Cada um de nós é Consciência Divina infinita com total domínio sobre este mundo. Nós somos Espírito puro, a Luz de Deus.

O reino que nos foi dado é a totalidade de tudo o que podemos desejar eventualmente. Dentro da nossa consciência existem as idéias que correspondem a tudo no mundo físico. Uma dessas idéias é dinheiro, e o Espírito *como* a nossa consciência está continuamente expressando a Si Mesmo como oferta visível. Esse processo só pode ser detido por uma crença na escassez. Onde está a escassez? Ela não pode estar manifesta; portanto, não existe. É apenas uma crença.

A lei, ou princípio, é a atividade do Eu único. Essa atividade é energia-em-movimento; é luz refulgente, substância fluente e amor de Deus em ação mudando de Mente em manifestação por meio da nossa consciência. À medida que acreditamos no nosso coração, ele se faz em nós. Os sentimentos de amor e de fé sempre se sobrepõem às emoções de medo e dúvida, e abrem o canal para o fluxo de energia.

Uma palavra sobre a fé

Quando receamos algo, colocamos a nossa fé em dois poderes, o que é uma mentira. Nós acreditamos que existe algo ou alguém lá fora que tem poder sobre nós, e todas as preces (que mantemos na consciência) são atendidas de acordo com o lugar onde a fé é colocada. Se concentramos a nossa fé nos problemas, estamos intensificando os problemas porque é para isso que estamos orando — e, fazendo isso, negamos a vontade amorosa de Deus e a verdade que existe, que não existe nada além de uma Presença e de um Poder neste universo.

Parafraseando Paulo, a fé é a energia daquilo que é para ser manifesto. Portanto, quando focalizamos a nossa fé na nossa verdadeira Identidade, no reino que nos foi dado com grande prazer, e na lei-para-o-bem que está eternamente em ação, então abrimo-nos para as maravilhosas experiências da vida. Então, nossas preces sempre são atendidas porque nós acreditamos que sejam. Eis uma prece baseada na Verdade em que todos podemos acreditar, e portanto, logo é atendida.

> ***Eu sou o Espírito de Deus que EU SOU. Eu sou o Espírito de Deus que EU SOU como abundância em profusão. Eu sou o Espírito de Deus que EU SOU como abundância em profusão em expressando-se radiante na minha vida e nos meus interesses.***
>
> ***O dinheiro é uma idéia espiritual na minha consciência. Essa idéia é ilimitada; portanto, a expressão da idéia na forma visível é ilimitada. Eu sou a lei espiritual que governa essa idéia espiritual. Eu sou o princípio da abundância. Eu sou a energia radiante da abundância e eu deixo que essa energia preencha o meu mundo e volte para mim com uma auto-suficiência de dinheiro e todos os outros bens. Estou irradiando a energia e o amor de Deus. Estou atraindo o que é meu por direito de consciência.***

Eu não deixo mais a minha mente e as minhas emoções viverem na escassez, pois eu sei que essa coisa não existe. Eu deposito a minha fé em Deus, no Espírito EU SOU, no poço de abundância que está fluindo sempre da fonte divina interior e no processo divino da manifestação perfeita.

Desprezo todos os pensamentos de atraso, todas as crenças de que o meu bem deve aparecer quando eu for mais espiritual, mais merecedor, uma pessoa melhor. A lei do suprimento atua AGORA, no momento presente. No momento em que eu sinto a necessidade, a energia criativa inteligente e todo-amorosa que flui do centro do meu ser sabe exatamente o que fazer para satisfazer a necessidade. E por meio desta prece de fé, esse amor de Deus em ação é liberado para fazer seu trabalho poderoso.

E assim seja.

✧ ✧ ✧ ✧ ✧

LIÇÃO 13

Entenda a natureza do suprimento

*O suprimento inclui tudo. É a partir daí que TUDO
se forma, é daí que TODAS as coisas, TODAS
as experiências derivam; nada escapa.
É a energia do amor espiritual.
É a Mãe-Substância, a Mãe
Divina, fluindo através da consciência
espiritual receptiva, que se manifesta
como integridade na vida.*

Muitas das pessoas que estão no caminho espiritual sabem que o suprimento invisível como consciência espiritual é a fonte e a causa do efeito visível que chamamos dinheiro; mas agora nós entendemos que o suprimento aparece como tudo — alimento, roupas, casas, carros, trabalhos, amigos, parceiros amorosos, saúde, paz, proteção — o que quer que seja necessário para uma vida de maior abundância. O suprimento *inclui tudo*.

Equiparar o suprimento com a Mãe-Substância Divina também coloca a questão num contexto que nos ajuda a entender que sempre somos alimentados, protegidos e atendidos por um aspecto gentil, carinhoso, devotado e protetor da nossa própria divindade, o que produz um relacionamento muito pessoal, em oposição à energia impessoal.

Contemple a presença da Mãe-Substância Divina agora. O olhar dela repousa em você; a sua consciência é o foco do amor dela. Ela é onisciente, o que significa que ela conhece cada espaço vazio na mente, cada necessidade que tem sido registrada no coração. Ela lê você como um livro aberto e sabe exatamente o que fazer para apresentar tudo segundo o padrão divino na sua vida. As correntes de energia dela fluem em conformidade com a sua receptividade consciente da atividade criativa dela.

A Sabedoria Eterna apresenta a Mãe como o terceiro aspecto da divindade, o Espírito Santo, a inteligência da substância e a natureza da forma. Ela é "a reunião de espírito e matéria no plano físico. O terceiro aspecto é (...) o aspecto criador e a energia que produz o plano exterior palpável da manifestação — a faceta formal da vida".[1]

Eu também aprecio a idéia de que suprimento é *a energia do amor,* que se relaciona a outra afirmação dos Ensinamentos de Sabedoria: "Lembre-se de que o dinheiro é a consolidação da energia viva, amorosa, da divindade, e quanto maior for a realização e a expressão do amor, mais livre será o influxo daquilo que é necessário para realizar o trabalho."[2]

Lembrei-me do sonho sobre o qual escrevi em *A Spiritual Philosophy for the New World,* no qual um ancião se aproximou de mim e disse: "Se você apenas amasse mais, todas as limitações da sua vida desapareceriam."[3] O amor é verdadeiramente a energia e a causa que está por trás de toda manifestação, e o amor é o que Jesus veio ensinar, conforme reafirmado por Paulo: "O amor de Deus foi derramado nos nossos corações pelo Espírito Santo que nos foi dado." (Rom. 5:5)

Essa lição também me recordou que, se estamos passando por dificuldades financeiras, nos concentramos na escassez de suprimento na forma material. O suprimento é espiritual, nossa consciência consciente da Mãe-Substância. Concentrar-se basicamente na aparência sem a consciência do suprimento que se expressa como a forma é infrutífero. O mesmo se aplica a tudo mais fenomênico. A maioria dos problemas da vida pode ser encontrada na nossa concentração mental e emocional sobre o reino dos efeitos, em vez de no reino da causa, que é a Mãe-Substância.

Eu soube um dia, pela meditação, que outro significado para *reino* era "substância". Com isso em mente, vamos substituir as palavras em algumas passagens da Bíblia.

"(...) é chegada a *substância* dos céus". (Mateus 3:2)
"Mas buscai primeiro a sua *substância* e a sua justiça, e todas estas coisas vos serão acrescentadas." (Mateus 6:33)
"(...) Possuí por herança a *substância* que vos está preparada desde a fundação do mundo." (Mateus 25:34)
"A vós é dado conhecer os mistérios da *substância* de Deus (...)." (Lucas 8:10)
"(...) É chegada a vós a *substância* de Deus." (Lucas 10:9)
"(...) Ei-lo ali! Pois a *substância* de Deus está dentro de vós." (Lucas 17:21)

Eu escrevi em *The Superbeings:*

> Quando a idéia de substância é compreendida e entendida, toda necessidade de suprimento no mundo físico torna-se manifesta. A substância — fluindo de uma consciência de substância — "lê as suas necessidades" enquanto atravessa a sua mente e, literalmente, se torna a coisa necessitada, seja ela dinheiro, uma casa, um automóvel ou o que quer que seja.[4]

Pense em substância agora como o reino de Deus interior, o próprio *amor* de Deus, *suprimento* infinito e onipresente, *energia* onisciente e onipotente, e a *Mãe Divina* que se expressa em e como consciência do invisível para o visível.

O mestre tibetano Djwhal Khul comenta que a expressão *Mãe do Mundo* tem o significado de "o aspecto feminino da manifestação, simbolizado para nós, em muitas religiões do mundo, como uma mãe virgem e, na religião cristã, como a Virgem Maria. É essa substância que permite que a Divindade se manifeste".[5]

Medite sobre ser receptivo ao aspecto Maternal interior. Aceite essa energia, essa substância amorosa, o grande amor de Deus em ação, e retribua esse amor com grande adoração. Sinta, entenda o seu campo de energia como um suprimento completo. Veja com o olho da mente as correntes de energia pulsante; sinta o amor palpitante; fique em sintonia com o dínamo de poder criador que flui por seu intermédio.

Agora, pondere sobre as seguintes idéias:

É o amor de Deus incorporado na minha consciência que está fazendo o trabalho. Eu relaxo na Mãe-Substância e deixo o amor fazer tudo por mim, no meu lugar. Ele sabe exatamente o que fazer e o está fazendo neste preciso momento.

Eu não procuro Deus por coisas materiais. Eu me volto para dentro e me torno receptivo ao fluxo da Mãe-Amor, e deixo o meu amor-consciência se manifestar como satisfação total na minha vida.

Jan e eu descobrimos, ao longo dos anos, que não podemos depender do suprimento de ontem para hoje. Deve haver uma nova receptividade para o influxo a cada dia todos os dias. Faça isso agora, sabendo que a energia segue o pensamento, alcance essa porta interior, além da qual reside a plenitude da Consciência Divina.

Com a mente concentrada, abra a porta e libere as forças da Mãe-Substância-Amor, vendo e sentindo a energia dinâmica e onisciente preencher a sua consciência. Então, veja-a seguir diante de você para endireitar todos os pontos problemáticos e manifestar-se como integridade e perfeição em todos os setores da vida.

Agora, considere as afirmações a seguir em meditação:

Eu sou como Jesus, em sintonia com o aspecto maternal da minha divindade. Eu abro a porta para o amor eterno, o amor de Deus por mim, e eu o sinto vertendo-se na minha consciência consciente.

Tenho recebido tudo e sei, de todo o coração, que o amor de Deus como Mãe-Substância aparece como todas as coisas de que preciso na minha vida.

Eu sei disso. Eu aceito isso, pois essa é a Verdade.

LIÇÃO 14
Não dependa de nada do mundo exterior

Efeitos não produzem efeitos, pois eles representam o passado e não o presente. Nenhuma pessoa, lugar, coisa, condição ou situação do mundo exterior tem poder sobre você ou para criar algo de novo para você. Coloque a sua dependência indivisa no Espírito interior, e o Amor vai atender às suas necessidades.

Esta lição parece ser uma continuação da anterior, e trata da nossa consciência consciente da atividade do Espírito interior, a Identidade EU SOU Divina do Modelo de Jesus. Quando não estamos na consciência *espiritual,* estamos vivendo em atenção ao mundo exterior, com toda a sua dor, escassez, conflito e sofrimento.

Na consciência material, lidamos com o mundo dos efeitos, que representa o passado. O que vemos já está manifesto, em grande parte pela influência da consciência coletiva. Nessa baixa freqüência, nossa dependência muda para determinadas pessoas que sentimos que têm poder sobre nós, ou que consideramos responsáveis pelo nosso bem — pessoas como o marido e a esposa, banqueiros, empregados, professores, amigos e parentes, representantes do governo — e, no meu caso, eu também incluiria agentes literários, editores, livreiros e consumidores.

Em primeiro lugar, ninguém do mundo exterior tem poder sobre você, a menos que você conceda esse poder, o que torna essas pessoas de fora os senhores e você a vítima. Temer os outros é dar-lhes a nossa energia. Ter raiva de alguém é tornar-se negativamente ligado a essa pessoa. O único poder na terra está dentro de você; portanto, comece desde já a retirar suas projeções de medo, raiva e subserviência dos outros. O Espírito que está dentro de você é o seu poder e a sua autoridade. Na consciência espiritual, não existe hierarquia; portanto, considere a todos os outros como o Eu Sagrado que eles são de verdade e aja em termos iguais com a família universal. *Nós somos como Jesus.*

No mesmo sentido, pense no que acontece quando esperamos que os outros nos dêem alegria e satisfação. É como andar naquela velha montanha-russa, com muitas subidas e descidas. Esperamos muito e, numa expectativa alegre, esperamos respostas positivas, grandes benefícios, amor e atenção, além de atitudes corretas. Então ficamos frustrados com as palavras dos outros, desconfiados dos seus motivos, com raiva das suas ações e deprimidos por causa de atitudes negativas.

Sim, as pessoas podem ser úteis para nós, mas é apenas quando colocamos nossa total dependência sobre o Espírito interior que aqueles que estão sintonizados de alguma maneira com o nosso campo de energia — com o nosso objetivo na vida — são influenciados divinamente num espírito cooperativo de utilidade. Se tentamos usar o "poder mental" para atuar sobre alguém, para influenciar a pessoa em nosso favor num jogo de ganhos pessoais, estamos iniciando uma forma de magia negra que irá voltar-se contra nós.

Mesmo que seja o simples ato de tentar *conseguir* alguma coisa de outra pessoa — usar de influência sutil para que a outra pessoa preencha uma determinada necessidade para nós —, estaremos nos afastando da atividade amorosa, onipresente, de Deus. Mas, quando vivemos numa consciência do Espírito interior, essa energia mental trabalha por meio da nossa Autoconsciência para tocar os outros e produzir harmonia e ordem divina para o bem de todos os envolvidos.

Vamos considerar outras áreas do mundo exterior em que colocamos a nossa fé, a nossa dependência. Houve pessoas que já me disseram que bastaria se mudarem para outra cidade e tudo seria melhor na vida delas. Mas devemos nos lembrar de que nós sempre levamos a nossa consciência conosco e, se estamos infelizes num lugar, é provável que venhamos a nos sentir da mesma maneira em outro lugar. De novo, o segredo da vida é a *consciência espiritual, a compreensão espiritual, o saber espiritual.* Quando colocamos toda a nossa confiança no Espírito interior, qualquer mudança geográfica será da responsabilidade do Espírito — e nós podemos muito bem ser orientados a mudar, talvez para algum lugar em que nunca pensamos, mas o resultado final será uma experiência deliciosa na aventura da vida.

Nós também colocamos a nossa dependência no dinheiro, no trabalho ou na profissão, no parceiro certo para viver junto, em planos de aposentadoria e nos "investimentos" que fazemos para o futuro — no alimento que comemos, nos remédios que tomamos, num determinado clima e num local com boa vizinhança. Na verdade, não há nada no mundo exterior que possa nos dar segurança, satisfação, saúde e felicidade. Podemos desfrutar os efeitos e os relacionamentos, mas somente quando emanam da atividade do Amor interior e não da manipulação, da consciência ávida de realização material ou de ilusões das assim chamadas condições seguras.

Quando nos concentramos na Verdade, no Espírito, no Eu, na Substância e no Amor, estamos vivendo no Agora, e nos tornamos os canais para a vontade de Deus, os objetivos do Eu e a manifestação do Espírito. Confiamos totalmente no processo dinâmico interior e vemos o Amor em ação — e os efeitos são tão bons, tão lindos! Consideramos aquele dinheiro abundante agora e sabemos que ele também o será no futuro, e passamos rapidamente para o nosso verdadeiro lugar, onde gostamos do que fazemos e fazemos o que adoramos fazer — sem pensar em perder a vida de satisfação algum dia no futuro.

Temos a companhia certa e a vida particular e social ideal. Comemos sem medo de nenhum alimento (não colocamos a nossa fé na adversidade) porque sabemos que tudo é energia e que os remédios do passado não se aplicam no presente. O tempo está sempre bom aonde quer que vamos, e vivemos neste mundo pela esplêndida aventura que ele oferece. Sim, tudo isso é verdade quando somos inspirados pelo Espírito e vemos apenas pelos olhos da visão espiritual.

Vamos adaptar a lição desta etapa para a nossa meditação.

Agora eu entendo que os efeitos deste mundo são do passado e não são criativos. Um efeito não produz outro, pois tudo emana da consciência.

Eu afirmo com a mente e o coração que nenhuma pessoa, lugar, coisa, condição ou situação no mundo exterior tem poder sobre mim, ou tem o poder de me influenciar.

Eu me coloco na total dependência do Espírito interior, liberando tudo para a presença do Deus que EU SOU, sabendo que o Amor atende a todas as minhas necessidades, vontades ou desejos, até mesmo antes que ocorram na minha mente ou no meu coração.

Eu sou como Jesus, para sempre em união com o Pai-Poder-Vontade e a Mãe-Substância-Amor. Eu sou a Pessoa Integral, espiritualmente, mentalmente, emocionalmente e fisicamente. E o meu mundo reflete essa Integridade.

✢ ✢ ✢ ✢ ✢

LIÇÃO 15
Confie no anel de proteção

*Nada pode tocar você além de Deus, pois Deus
é tudo o que existe. O que há para temer?
Como um Ser de Deus, todo poder está dentro
de você como uma orientação protetora, e
ao seu redor como um escudo de segurança.
Você não confia na onipotência?*

Ao meditar sobre esta lição, eu me lembrei de novo que, quando tememos alguma coisa neste mundo, estamos acreditando em dois poderes: um bom e um mau. Por exemplo, trancamos o nosso carro e a nossa casa porque acreditamos no poder dos ladrões e no mal físico. Muitas pessoas carregam armas para proteção pessoal, acreditando no "mal" que espreita nas ruas, criando assim condições para sentir e provar que o vício e a depravação existem, quando não são mais que uma ilusão projetada pelo ego.

Mas, e quanto à energia desqualificada da consciência coletiva representando medo, raiva e ódio? É verdade que as pessoas que agem basicamente a partir do ego atraem essa energia obscura, mas lembre-se de que ela não é nada mais que uma forma-pensamento criada por nós. Ela não vem de Deus; portanto, não faz parte da realidade. Quando deixamos de acreditar nessa projeção do ego como um poder, sabendo que não existe poder além de Deus, ela definha e morre.

Uma das passagens mais confortadoras e estimulantes da Bíblia encontra-se em Isaías 43:5: "Não temas, pois, porque eu estou contigo." *Eu* estou com você. A onipotência está ao seu redor como um escudo de segurança. A onisciência está com você como um guia de proteção. *O que há para temer?*

Lembro-me da noite em que eu estava prestes a caminhar sobre o braseiro de uma fogueira. Uma índia americana pediu a cada um de nós que contássemos quais eram os nossos maiores medos — para falar sobre eles e trazê-los à luz de modo que a sua escuridão se dissipasse. Quando eu entendi que não havia realmente nada a temer, eu me senti mais forte, mais sintonizado com o Espírito interior, e quando eu atravessei a fogueira, não senti nada além de um calor suave.

Quais são os seus maiores medos? Relacione-os. Destaque-os e então observe como eles são insignificantes quando expostos. O medo não pode existir quando dominamos a Realidade. De acordo com o que o livro *Um Curso de Milagres* propõe, "Não há nada a temer. (...) A consciência de que não há nada a temer mostra que, em algum lugar da sua mente, embora não necessariamente num lugar que você conheça até o momento, você se lembrou de Deus e permitiu que a força Dele tomasse o lugar da sua fraqueza. No instante em que você quiser fazer isso, não haverá nada a temer".[1]

O Salmo 91 é a meditação ideal para ajudar você a substituir o medo por confiança. Pondere sobre estas passagens com um sentimento profundo:

Aquele que habita à sombra do Altíssimo, à sombra do Todo-Poderoso descansará.

Direi do Senhor: Ele é o meu refúgio e a minha fortaleza, o meu Deus, em quem confio.

Porque ele te livra do laço dos caçadores, e da peste perniciosa.

Ele te cobre com as suas penas, e debaixo das suas asas encontras refúgio; a sua verdade é escudo e broquel.

Não temerás os terrores da noite, nem a seta que voa de dia;

Nem a peste que caminha na escuridão, nem mortandade que assole ao meio-dia.

Mil poderão cair ao teu lado, e dez mil à tua direita; mas tu não serás atingido.

A promessa, a certeza absoluta está lá, mas lembre-se da condição: habitar o esconderijo do Altíssimo, que não é nada menos do que *consciência espiritual* — a consciência, compreensão e conhecimento da nossa Verdade do Ser, do Deus-Eu que EU SOU.

Em *High Mysticism,* Emma Curtis Hopkins escreve:

1. Encarando-Te resolutamente, não existe mal no meu caminho.
2. Encarando-Te resolutamente, não há problema com as suas leis.
3. Encarando-Te resolutamente, não há perda, nem falta, nem ausência, nem privação.
4. Encarando-Te resolutamente, não há nada a temer, pois não haverá força para ferir.
5. Encarando-Te resolutamente, não há nem pecado, nem doença, nem morte.[2]

Na década de 1970, eu produzi uma série de documentários para o Departamento de Energia dos Estados Unidos, e quando os vídeos ficaram prontos, fui levado num jato particular para apresentá-lo aos integrantes de uma comissão especial. No caminho do aeroporto, fiquei extremamente agitado. Meu estômago se contraía e meus nervos estavam à flor da pele. Eu atribuí o meu estado ao fato de me sentir pouco à vontade com relação à possível reação da comissão ao meu trabalho, mas o que na ocasião eu não sabia era que Jan estava sentindo a mesma tensão em casa. O Espírito estava pressionando para eu ser bem-sucedido.

Assim que entrei no avião, tentei me libertar dessas sensações e me centrar na Presença. Jan também estava preocupada. Ela saiu de casa e sentou-se no quintal, inclinando-se para a frente e para trás para tentar se sintonizar melhor com o Espírito — porque ela sentia intuitivamente que algo estava para acontecer com o avião.

Ela estava certa. Em três momentos diferentes, nós quase caímos. A primeira foi quando quase colidimos no ar com outro avião a meio caminho do nosso destino. Depois, quando estávamos para aterrissar, o jato teve de arremeter para evitar um helicóptero que mergulhou de repente sobre a pista. Finalmente, na volta a Huston, tivemos de desviar da pista para evitar outro avião que estava pousando na nossa frente.

Quando cheguei em casa naquela noite, eu disse: "Querida, você não acreditaria no que aconteceu hoje." E lhe contei tudo em detalhes. Ela apenas sorriu e disse: "Eu sei" — e então me contou sobre o aviso que tinha recebido e o que fizera a respeito. *Encarando-Te resolutamente, não há nada a temer, pois não há força para ferir.* Se eu tivesse elevado a consciência suficientemente, a viagem teria ocorrido sem a possibilidade de perigos, mas mesmo uma ação de tentar-alcançar-a-Presença resultou numa volta segura para casa.

De novo, a *consciência espiritual* é o segredo, e a cada degrau acima da escada de Jacó, subimos mais alto em direção ao reino da Realidade onde nada pode nos tocar além de Deus. Mas neste exato momento vamos fazer uma pausa para nos lembrar de que o Deus, que é o nosso anel de proteção, não é algo afastado de nós, mas é na verdade a nossa Consciência — não a natureza inferior do ego, que é apenas uma falsa crença, mas a Natureza Única que existe como *Eu*. Nós temos de nos afastar da divisão e ver apenas a Realidade única.

Não estamos tentando passar do perigo para a segurança, da imperfeição para a perfeição, da escuridão para a luz. Não! Nós *somos* essa segurança, essa perfeição, essa luz, e isso é o que precisamos entender. Só existe a plenitude de Deus na expressão de cada um de nós, como o poderoso *Eu. Eu sou como Jesus.*

Jesus, como Ser Representativo, disse à aparência do demônio para "Sair dele". E quando uma grande tempestade se levantou, ele "repreendeu os ventos e o mar; e houve uma grande bonança". Ele disse: "Todo poder me é dado no céu e na terra." Ele estava falando sobre o Ser Completo que somos quando incorporamos *todo o poder* do Ser único.

Na nossa consciência espiritual, vejamos apenas a Verdade, a solitária Integridade do nosso Ser onde nada de mal, pecaminoso, nocivo ou prejudicial existe. A atividade de Deus — *consciência espiritual* — é o poder único em ação. Não existe outro poder, e que todas as crenças em contrário sejam erradicadas e anuladas agora. Deus é o nosso espírito, a nossa alma, a nossa mente, o nosso *tudo*. Então, o que há para temer? Nada! Este é um universo benevolente, um mundo de harmonia e boa vontade; portanto, vamos parar de projetar ignorância e falsas crenças na tela da vida.

A lição desta etapa enfatiza que *"todo o poder está dentro de você como uma orientação protetora, e ao seu redor como um escudo de segurança".* É a sua consciência de quem e do que você é que ativa a orientação protetora e o escudo de segurança. Em *Angel Energy,* relatei diversos casos desses anéis de proteção, em que as pessoas eram "salvas" de desastres de automóvel, de tempestades e acidentes por vozes do além e mãos invisíveis. Por que e como? Houve pessoas no caminho espiritual que entenderam a sua identidade divina em determinado grau e chegaram ao anel de proteção.

Procure sintonizar-se com o anel e...

"Siga em frente com um sentimento de força, sabendo que o poder da sua alma (...) e a aura protetora que envolve o trabalho do Cristo sempre são dignos de confiança."[3]

LIÇÃO 16
Faça tudo pelo bem de todos

Tanto na prece quanto na vida diária, pense no bem de todos, pois Deus dá universalmente por meio da onipresença.

Esta lição lembrou-me imediatamente o comentário de Emerson: "(...) a prece como um meio de realizar um fim particular é mesquinharia e furto".[1]

Existe apenas um Eu, e quando buscamos apenas o bem dos outros, estamos literalmente atraindo-o para nós mesmos. Conforme Jesus disse: *"Tudo o que vós quereis que os homens vos façam, fazei-lho também vós a eles. Amarás ao teu próximo como a ti mesmo. Sempre que o fizeste a um destes meus irmãos, mesmo dos mais pequeninos, a mim o fizestes."*

E na Meditação de Cura Mundial, lemos: *"O que é verdadeiro para mim é verdadeiro para todos, pois Deus é tudo e tudo é Deus. E vejo apenas o Espírito de Deus em todas as almas. E a todo homem, mulher e criança na terra eu digo: Eu amo vocês, pois vocês são o que eu sou. Vocês são o meu Eu Sagrado."*

Reconhecemos a Personalidade universal a que todos pertencemos, compreendendo que na nossa unidade não podemos ser exclusivos nas nossas preces — que o que queremos para nós mesmos queremos para todos. Seja um relacionamento amoroso, uma cura ou auto-suficiência financeira, nossas preces afirmativas e tratamentos meditativos devem estender-se a toda a família planetária para ter a máxima eficácia. Mas essa é apenas uma parte da lição.

A outra "pedra preciosa" relaciona-se com a verdade de que *"Deus dá universalmente por meio da onipresença".* Sim! "Ele faz nascer o seu sol sobre maus e bons, e faz chover sobre justos e injustos." (Mateus 5:45) *Agradeça a Deus, de quem fluem todas as bênçãos.* Todas as bênçãos, durante todo o tempo, sem exceção — uma radiação fluindo infinita e incessantemente de suprimento completo de tudo para todos e a todo momento no tempo e no espaço, sem que nada falte. Não existe nem recompensa nem castigo, apenas doação amorosa refulgindo constantemente como perfeição e caindo como integridade alentadora para todos.

Emerson também escreveu que "a prece é a contemplação dos fatos da vida do ponto de vista mais elevado. É o solilóquio de uma alma contemplativa e jubilosa. É o espírito de Deus manifestando bem as suas obras".[2]

Nós contemplamos os "fatos do ponto de vista mais elevado" — que Deus não nos nega nada que seja bom, verdadeiro e belo na vida. E por meio dessa consciência jubilosa, vemos apenas o reino acabado na terra.

Será que, quando as nossas preces parecem não ser atendidas, é simplesmente por causa da nossa recusa em ser abertos e receptivos ao que é nosso e já oferecido — aceitando não apenas por nós mesmos, mas por todos os demais? Vamos começar agora, seja na prece, seja na vida diária, a *"buscar o bem de todos"*. Regozijemo-nos com os outros quando encontrarem o parceiro certo para a vida; soltemos exclamações de alegria quando alguém receber um ganho financeiro inesperado; agradeçamos a Deus quando soubermos que ocorreu uma cura mental, emocional ou física.

O que eu quero para mim, quero para você! Vamos manter essa idéia na mente enquanto passamos para a próxima etapa.

Lição 17
Entenda a vontade de Deus

A vontade é o impulso dinâmico para criar, o propósito e a inspiração que está por trás de todas as coisas. Ela é singular, nem superior nem inferior, um poder aplicado universal e individualmente como uma força para a boa vontade. A vontade de Deus e a sua vontade são a mesma coisa na consciência espiritual.

A expressão "seja feita a tua vontade" no pai-nosso é uma declaração de resignação para muitos, a invocação de um poder para fazer algo que pode não ser o que tínhamos em mente. É como se disséssemos: "Uma vez que não posso ter o que eu quero na vida, acho que devo aceitar o que Deus quiser." E em alguns casos, há uma pitada de medo aí. Acima de tudo, fomos levados a crer que Deus nos castiga pelos nossos pecados, e que a vontade de Deus deve conter alguma forma de sofrimento e sacrifício para nós. Não é de admirar que tantas pessoas vivam num estado de apreensão, futilidade e fatalismo.

E há o outro lado da moeda. Disseram-nos para tomar cuidado com o que pedimos em nossas preces porque podemos conseguir. Em outras palavras: "Minha vontade seja feita." O livro *Um Curso de Milagres* apresenta a questão da seguinte forma:

> O simples fato de que a Vontade de Deus, que é o que você é, é percebida como temível, demonstra que você está com medo do que você é. Não é, então, da Vontade de Deus que você tem medo, mas da sua. (...) Você não pede apenas o que você quer. Isso acontece porque você tem medo de que pode ser atendido, e você seria.[1]

Mas agora vemos que existe apenas uma vontade, e como poderia ser de outra maneira? O universo inteiro do Ser Cósmico individualizou a sua consciência como a Personalidade de cada um de nós, e nada foi esquecido no processo de individualização. Nós somos a vontade de Deus. "Eu e Deus somos um; tudo o que Deus é, eu sou."

Essa lição meu ajudou a entender que os desejos ardentes do meu coração nascidos do amor representavam a vontade única comum pressionando a minha consciência para que se expressasse. A vontade de Deus é paz e alegria, a integridade e o bem-estar radiantes, o sucesso criativo e a prosperidade abundante, relações verdadeiras e harmonia. Não é essa a nossa vontade também? Existe apenas uma vontade.

Enquanto eu redigia a minha interpretação desta lição, recebi o boletim trimestral da primavera de 1998, escrito para os seus assinantes pelo meu bom amigo, escritor e professor espiritual, Walter Starcke. Eis aqui um trecho de uma seção desse boletim, intitulada "Prece pela Ação":

> Chega um momento em que, depois de dias de esforço para resolver as coisas para a nossa Consciência Superior, depois de deixar de lado todo julgamento, depois de perdoar a tudo e a todos com que nos relacionamos,

se as barreiras não tiverem sido removidas, chegou a hora de insistirmos para que aconteça. Se nós realmente acreditamos que estamos unidos com Deus, sempre esperando em Deus, sempre sendo pacientes, sempre nos rendendo a Deus, como se nada tivéssemos a ver com a questão, finalmente terá chegado a hora. A passividade pode ser uma forma de dúvida. A ação afirma a unidade.

Chega um momento em que a oração petitória é uma negação de nossa pretensão de sermos Um com Deus. A oração petitória sempre tem uma sugestão de medo, sempre lembra um reconhecimento de dualidade. A um ponto, a oração petitória pode ser como programar o computador, mas para obter os resultados o computador tem de ser ligado pela ação.

Certamente, se você está agindo de acordo com o seu ego e se não esgotou todos os outros meios, a condição não terá sido atendida, pois a sua vontade estará em ação. Mas chegará o momento em que você tem de afirmar a sua união pedindo que uma situação se modifique, uma cura ocorra ou a clareza se manifeste.

Ame e depois peça. Ame a Deus ao afirmar que Deus é o único poder e depois peça que esse poder, essa onipotência se manifestem por causa da sua parceria conjunta, porque você está assumindo a responsabilidade de ser co-criador com Deus.

Sua prece não deve ser "seja feita a tua vontade", como se houvesse uma questão ou dúvida, como se algo fora de você tivesse de ser invocado. Ela deve ser: "A tua vontade é feita, porque eu afirmo, porque eu peço."[2]

Uma vez que este livro representa as etapas para a consciência espiritual, vamos entender a importância do Código nesta etapa em particular. *Eu sou como Jesus*. Ele disse em João 11:41-42, pouco antes da ressurreição de Lázaro, "Pai, graças te dou, porque me ouviste. Eu sabia que sempre me ouves (...)". Esse foi o reconhecimento da unidade de Espírito e de alma, a Mente única e a vontade única, sabendo que, mesmo antes que o apelo fosse feito, a resposta, o poder, seria conferido. *Sua vontade é feita porque eu estou pedindo.* E o apelo aqui foi para que Lázaro ressuscitasse dos mortos.

Embora nós ainda não tenhamos realizado milagres como esse, estou certo de que podemos retroceder em nossa vida ao tempo em que nós proferíamos o verbo, que a ordem divina fosse estabelecida ou que determinado bloqueio fosse removido. Não pedíamos para Deus fazer alguma coisa que já não estivesse sendo feita. Não, nós estávamos praticando uma ação que produzia uma mudança na nossa consciência, que nos colocava em sintonia com a vontade única.

Eu me lembro de uma época, na década de 1970, em que tudo parecia estar na mais completa desordem e eu enviei o pedido para me livrar dela. Esse pedido rompeu a prisão do ego e a resposta veio rapidamente quando se apresentou uma oportunidade de mudar para outra cidade e assumir um cargo executivo em outra empresa, que no devido tempo levou à formação da The Quartus Foundation e à redação do meu primeiro livro, *The Superbeings*. A vontade-em-ação, única, produziu a harmonia do caos. "Decidir-te-ás por um projeto e realizar-se-á, e a luz brilhará em teu caminho." (Jó 22:28)

Jesus perguntou: "Que queres que te faça?" (Marcos 10:51) Na ação passada entre ele e o cego, será que podemos ver a mesma coisa acontecendo entre a nossa consciência e o Eu Divino interior? O que você *quer?* Decrete que sejam removidos todos os bloqueios à consciência, e então siga em frente conforme a vontade de Deus para curar, multiplicar as provisões e fazer com que tudo na vida esteja de acordo com o padrão divino. *Seja como Jesus!*

"Quando a luz vier e você disser: 'A vontade de Deus é minha', você verá aquela beleza que você vai saber que não é sua. A partir da sua alegria, você vai criar beleza em nome Dele, pois a sua alegria não pode ser mais contida do que a Dele."[3]

Um tratamento espiritual usando o poder da vontade

É minha vontade que todo obstáculo a uma vida integral e completa seja removido.

Se houver uma falsa crença na escassez, eu decreto que ela seja eliminada agora.

Se houver uma mentira que se concretizou como uma moléstia física, que a Verdade a substitua agora.

Se existir um padrão equivocado a partir do julgamento dos outros e está se manifestando como relações tensas, eu peço que ele seja eliminado agora.

Se um pensamento errado tiver resultado em fracasso, é minha vontade que todos os pensamentos desse tipo sejam corrigidos agora.

Eu estou pronto e quero viver uma vida plena, integral, amorosa e bem-sucedida, que é o meu direito divino inato.

A vontade de Deus é a minha vontade!

LIÇÃO 18
Saiba que o espírito não desiste

O sol não pode rejeitar os seus raios, o mar, as suas ondas. O Todo permanece para sempre unido a nós, ainda assim aqueles com uma mente desespiritualizada podem sentir-se separados da sua fonte porque, pela culpa, eles renunciaram ao Espírito como Causa. Eles se deram ao mundo dos efeitos e negaram o único Poder, o Perdão amoroso e a Benevolência em ação.

Paulo nos informa de que Deus disse: "Não te deixarei, nem te desampararei." (Hebreus 13:5) Não, o Espírito não renuncia; ele é o outro atalho. Nós desistimos de Deus quando não acreditamos que as nossas preces são atendidas — quando nada parece funcionar e tudo parece estar no limbo — ou quando estamos tão envolvidos com "este mundo" que nos esquecemos de onde está o poder. É quando nos voltamos para o ego para "fazer as coisas acontecerem" — e normalmente acabamos com a boca cheia de cinzas.

Para interpretar corretamente esta lição, consideramos mais uma vez a verdade de que não existe lugar de onde possamos sair e Deus começar. A Alma e o Espírito são uma só mente. A nossa consciência consciente de nós mesmos, a vida e Deus é essa mente única numa vibração diferente — no modo de reconhecimento como distinto do modo daquilo que É. Não existe separação; nunca houve; tudo é Deus. *Nós somos como Jesus.*

"(...)ainda assim, as pessoas cuja mente é desespiritualizada podem sentir-se separadas da sua fonte porque pela culpa, renunciaram ao Espírito como Causa." E qual é o motivo principal disso? Ele retrocede à nossa dependência do mundo exterior para a nossa felicidade. Se acreditamos que qualquer coisa no mundo que criamos é necessário para o nosso bem-estar, estamos transferindo o nosso poder para o mundo dos efeitos. Fazer isso é afirmar uma vida de fartura e miséria. Por quê? Porque abandonamos a Causa, a nossa Fonte, e estamos mental e emocionalmente voltados para um mundo que percebemos tomados pelo bem e pelo mal, pelo prazer e pela dor — e assim é.

Essa busca de alívio no mundo objetivo é conseqüência de se seguir os ditames do ego em vez da orientação do Espírito, e normalmente começa com sentimentos de culpa — um mundo que também denota falta de amor-próprio, vergonha e humilhação. E a culpa jogada sobre nós mesmos por nós mesmos com relação a tudo sempre resulta num chamado, normalmente em nível inconsciente, para a punição. Esse pedido nos tira da corrente de manifestação do reino, a Mãe-substância, o suprimento que a tudo inclui — e nós certamente nos sentimos desamparados e temerosos.

A culpa é uma emoção do ego; portanto, o primeiro passo na cura é *perdoar*. Perdoar é desistir do ressentimento contra algo ou alguém, e vamos lembrar que o ressentimento se equipara à raiva, à indignação, ao amargor, aos sentimentos feridos e à retaliação. Em primeiro lugar, perdoamos todos os erros que pensamos ter cometido, o que é perdoar o nosso ego por nos levar à tentação por causa de seus enganos. Depois enviamos a luz do perdão por todo o mundo, e especialmente para toda pessoa que nos ocorra, e para aquela que pensamos ter magoado de alguma maneira.

Conforme comentamos antes, sempre oramos a Deus pedindo coisas materiais, para prosperar em nossos interesses, para curar o corpo, ou para conseguir o parceiro ideal. E, quando não obtemos resultados, sentimo-nos desamparados e duvidamos se o estilo de vida espiritual realmente funciona. Ele funciona, mas o nosso erro é pedir, orar, por uma mudança no efeito, desconsiderando assim o falso pensamento que produziu o efeito negativo antes de mais nada. Em vez de pedir a Deus para corrigir a nossa conta bancária e o nosso corpo, ou trazer um parceiro até a nossa casa, devíamos pedir e meditar pela cura da consciência, de modo que possamos perceber a realidade em vez do erro-ilusão. Contemplamos o Espírito e deixamos a Luz desfazer a escuridão. Então aceitamos a cura e entregamos tudo à Presença interior.

Eu faço parecer simples, e é. O segredo da vida não é mudar o que se passa no nosso mundo, mas mudar a nossa mente e os nossos pensamentos a respeito do que parece estar faltando, ameaçando ou intimidando. Pergunte a si mesmo sobre qualquer situação com que esteja se deparando: Como meu Eu único, o Espírito de Deus, vê isso? A Luz não vê a escuridão. A Plenitude não reconhece o vazio. O Espírito não vê problemas, apenas soluções. Sim, o Espírito sabe que, no modo consciente, as necessidades podem ser percebidas, mas Ele vê essas necessidades como já preenchidas, a dúvida respondida, o problema resolvido. Pergunte e aceite a cura da mente e das emoções, perdoe a si mesmo e aos outros, e veja como o Espírito vê.

O que Jesus diria sobre a situação que chama a sua atenção? Ele diria a você que as dádivas de Deus foram dadas e só precisam ser aceitas. Mas ele observaria que as dádivas não são materiais; elas são *espirituais*. As dádivas de Deus são a vida, o amor, a alegria e a paz — harmonia e ordem divina — e fé apenas na absoluta generosidade da vida. E ele lhe lembraria que é a sua mente que traduz essas dádivas em forma e experiência quando você está concentrado na verdade de você, no reino celeste de causa interior, e não no mundo disforme dos efeitos.

Não perca essa oportunidade. Nós criamos o mundo material com os nossos pensamentos, e continuamos a criá-lo. A nossa mente está fazendo isso agora, dependendo de onde estamos em consciência. Por meio da vibração inferior do ego, nós deformamos e sofremos com e por causa do que nós mesmos produzimos, e então imaginamos por que ficamos desamparados. Mas, quando estamos na *consciência espiritual* — uma consciência, uma compreensão e um conhecimento profundos e inabaláveis sobre a nossa verdadeira Identidade —, a mente é elevada a uma freqüência superior, na qual ela interpreta para expressar apenas o que é bom, verdadeiro e belo.

A mulher que, na fé, tocou o manto de Jesus foi curada. Ao surdo, ele disse: "Seja aberto." Quando não haviam capturado peixes, a instrução dele aos pescadores foi "deitem as redes para a pesca". Ao homem com a mão paralisada, ele disse: "Estenda a mão." E, quando foi necessário pagar os impostos, ele disse: "Vai ao mar, lança o anzol, tira o primeiro peixe que subir e, abrindo-lhe a boca, encontrarás uma moeda."

Em todos os milagres registrados, Jesus representa cada um de nós como o nosso Eu Completo, e também o receptor das bênçãos — a mente desespiritualizada sintonizada com o ego. Sempre que um efeito que criamos parece nos ameaçar, vamos nos lembrar de estender a mão e tocar a Presença na meditação, para nos abrirmos para a voz do Espírito interior, para ver a nossa consciência como a "rede" para a substância, o suprimento que a tudo inclui. E a "mão" é o poder de manifestação; assim, por meio do pensamento, assumimos o poder, a vontade e o externalizamos para curar a paralisia ou o defeito — ver a radiação da mente-energia indo adiante de nós para renovar todas as coisas. Ah, sim, é hora de pagar os impostos e não temos dinheiro. Se nos deparamos com esse dilema, vamos nos lembrar de nos voltarmos para dentro com uma mente que ouve, sabendo que todas as nossas necessidades são conhecidas pelo Espírito e aproveitamos a primeira idéia que nos ocorre. Nela vamos encontrar a maneira de corrigir a situação. Deus nos atende onde estivermos em consciência!

Vamos entender que o "céu na terra" — viver uma vida de alegria e satisfação — faz parte do processo natural. E que o fluxo da mente para a manifestação está ocorrendo a todo momento, o que significa que o único motivo por não estarmos vivendo de maneira integral e completa são as nossas falsas crenças. O problema não está "fora" de nós — ele está dentro, na mente. Mas, ao pedir ao Espírito para curar a nossa mente, e então perdoar o nosso ego e todos os que sentimos que impediram o nosso bem (outra falsa crença), estamos abrindo o caminho para o processo natural. E, ao nos mantermos concentrados na Presença interior, estaremos enchendo a nossa mente com a energia da Verdade, que então é expressa no mundo material como *PLENA*-suficiência.

E Deus pode cumular-vos de toda espécie de graças, a fim de que tenhais sempre e em tudo o necessário e vos fique algo de excedente para toda obra boa. (2 Coríntios 9:8)

Lição 19
Entenda que não existe dualidade

*No Mundo Verdadeiro, a natureza dual do
universo não existe. Não existe nem saúde nem
doença, nem abundância nem escassez, nem
paz nem conflito. Deus É, o único Poder,
Espírito infinito e onipresente. Todo o resto é maya,
aparências ilusórias projetadas pela mente,
julgadas boas ou más por quem vê.
No Espírito, nada falta, nada está ausente.
O que não está em Deus não existe. Não há
nada oposto a Deus. A Verdade não tem oposto;
portanto, tudo é perfeito. A Consciência Espiritual
sabe disso e não admite dualidade.*

Pense a respeito do último filme ou programa de TV a que você assistiu. Ele estava cheio de dualidades — experiências boas e más, algumas consideradas cômicas, outras trágicas. Também pode ter exibido exemplos específicos de ricos e pobres, de pessoas saudáveis e doentes. É claro. Foi-lhe apresentada uma amostra da vida — a vida humana como conhecemos, com uma visão de ambos os lados da moeda.

Agora considere a sua existência animada neste pequeno planeta. A arte imita a vida. "Neste mundo", vivemos a dualidade da luz e da escuridão, e tudo isso é simbolizado pelos dois extremos porque estamos constantemente projetando aparências na tela da vida com base em nossas crenças. Se acreditamos que somos humanos e sujeitos a experiências e tribulações dessa espécie, isso estará em nós. Nós somos o que acreditamos ser.

No entanto, no Mundo Verdadeiro, que é o nosso lar aqui mesmo na terra, existe apenas o Poder único — *"Espírito infinito e onipresente"*. E uma vez que a Mente única não pode conhecer doença, escassez, conflito, nem nenhuma das outras enfermidades da insanidade do ego, Ela tampouco se identifica com a saúde, com a abundância e com a paz, ou com o que quer que possamos considerar as outras virtudes e dádivas de uma vida material-física. Não deixe que isso o deprima. A irrealidade da dualidade, seja ela boa ou má, pode ser a chave para abrir as portas da prisão e libertar você do pesadelo com efeitos tão desagradáveis da existência "humana".

"No Espírito, nada falta, nada está ausente. O que não está em Deus não existe." Nós existimos; portanto, somos de Deus e tudo está perfeito. Não somos doentes ou saudáveis, ricos ou pobres, pois nós somos Espírito. Nós somos seres imortais que estamos aqui para demonstrar a glória de Deus, não para mudar a imagem na tela, mas para revelar que a Verdade não tem oposição — que não existe nada oposto a Deus, que não existe nada contra que lutar. Deus É!

Se tentarmos nos tornar ricos ou saudáveis, nos identificamos com um estado mental pobre ou doente, um poder em oposição a Deus. Não existe esse poder. *"A Consciência Espiritual sabe disso e não admite dualidade."*

Nós somos o reino de Deus

Quando somos devotados espiritualmente, que é o nosso estado verdadeiro, nós nos vemos como um Campo de Força de energia pura, o próprio Reino de Deus. Nós nos conhecemos como seres espirituais vivendo num universo espiritual onde não existem limitações, nenhuma imperfeição, nenhuma deficiência. Nesse estado mental, tudo o que se torna visível na nossa vida, seja forma, seja experiência, é *ideal*. Não existem insuficiências para corrigir, pois existe apenas suficiência *plena*. Não existe "saúde" com que se preocupar, porque existe apenas integridade. E não existe paz nem conflito, apenas bênção universal.

Ser devotado espiritualmente é estar sintonizado mentalmente com a substância, o suprimento completo da Mãe Amor e essa consciência da substância aparece como toda forma e experiência sem que tenhamos de projetar mentalmente uma condição desejada. Nós não temos de fazer nada acontecer; tudo se manifesta como forma e experiência por meio de uma atividade da consciência espiritual. Mas se recorrermos ao Espírito em busca de saúde, riqueza, de um relacionamento, ou sucesso na carreira, estaremos afirmando a dualidade — aquele aspecto do nosso mundo que não está certo e tem de ser consertado pelo Espírito. Esse modo de pensar está completamente fora do alcance da Realidade. *No Espírito, nada falta, nada está ausente.* E nós somos Espírito, no Absoluto e na expressão. *Eu sou como Jesus.*

Eu quero ir além do tipo de vida em que aplico os princípios espirituais especificamente para mudar algo no mundo fenomenal. Eu quero viver uma vida espontânea, em que as coisas maravilhosas aconteçam naturalmente, em que todas as necessidades sejam atendidas sem que eu tenha de me preocupar com elas — ou até mesmo orar, meditar ou tratar espiritualmente para lubrificar as polias a fim de obter um bem.

Essa é a maneira que deve ser e, para muitos de nós, têm havido momentos na vida em que essa é a norma. É quando estávamos mais sintonizados espiritualmente, e estou certo de que podemos nos lembrar dessas experiências abençoadas. Mas eu não quero apenas acontecimentos felizes periódicos, e acho que você também não. Nós queremos uma vida agradável contínua, em que todo dia seja literalmente o céu na terra, em que cada atividade da vida esteja numa ordem divina e reine a harmonia suprema. Talvez essa lição nos mostre que já chegamos a esse ponto. *Não existe dualidade!*

Se podemos concordar em que vivemos num mundo perfeito neste momento — sem opostos — então as crenças no contrário vão começar a ser mudadas. Não existe nem saúde nem doença, apenas a mais pura e perfeita *vida*. A prosperidade e a escassez não coexistem; apenas a *substância* que a nossa consciência manifesta para revelar a infinidade de suprimento completo. Será que entendemos a importância disso? Se pudermos entender, vamos dar um grande salto à frente no sentido de escapar da assim chamada condição humana.

Temos recebido de tudo, e como seres espirituais, o "tudo" pode ser apenas o que é espiritual — amor, vida, vontade, inteligência criativa, substância — correntes de energia viva representando os atributos de Deus. Nós somos *consciência* e, à medida que recebemos, aceitamos e incorporamos a plenitude do Espírito, retornamos àquele estado original de *saber*. Aqui sabemos que Deus É, EU SOU e o nosso mundo reflete para nós essa Verdade de Ser. Nós nos elevamos acima do mundo de dualidade para entrar numa nova dimensão onde "a terra é do Senhor" — e cada manifestação do reino invisível em visibilidade é consciência espiritual *sendo* essa forma ou experiência.

Quando vivemos na consciência espiritual e como ela, tudo na vida é espontâneo, natural, automático e não planejado pela natureza calculista do ego. Todos os relacionamentos se harmonizam; o nosso corpo reflete a vida perfeita; o nosso trabalho é uma expressão da visão superior, o plano divino; e o nosso suprimento visível é uma manifestação contínua da substância, de acordo com o que quer que seja necessário. É uma vida completa sem nenhum tipo de oposição.

Vamos continuar nossa subida pela escada com essa meditação:

Agora eu olho para a minha vida, para o meu mundo, através dos olhos do espírito, e vejo apenas a Verdade de Ser. Todas as pessoas rotuladas de homem ou de mulher são, na realidade, o Espírito de Deus tornados visíveis pela ação da men-

te. Por trás dessa aparência física está o Eu único radiante, o Cristo. É essa Presença que eu vejo em todo encontro. Não pode existir outra; Deus é tudo o que existe.

A Verdade que eu vejo na minha vida, no meu mundo, é a Mente em manifestação perfeita, seja como estrutura, coisa, forma viva, condição ou experiência. Nada do que é bom e belo está faltando, e o que quer que não seja de Deus não existe. Eu vejo uma vida perfeita e um mundo perfeito, porque não existe nada oposto a Deus, e a Verdade não tem oposição.

Eu sei disso agora e estou sendo elevado cada vez mais alto na consciência espiritual. Eu sou como Jesus!

Lição 20
Conheça os perigos da soberba espiritual

A soberba espiritual ergue na mente uma parede como uma barreira contra a luz da sabedoria e da compreensão. A escuridão passa a prevalecer e ocorre a vulnerabilidade ao conflito e à duplicidade, pois a soberba leva à arrogância e à pretensão. Ela é a glorificação de si próprio em sua forma mais vil. Para atingir o objetivo da sua vida, sirva com humildade, enquanto sustenta a Verdade com determinação.

Quando tudo o que sabemos da espiritualidade parece inútil e a nossa vida parece estar à beira do abismo, precisamos verificar o medidor da soberba espiritual para ver se o ponteiro está indicando o vermelho. Isso pode acontecer sem percebermos, especialmente quando estivemos nos exibindo com aquelas demonstrações magistrais do poder de criar e pensamos que estamos no topo do mundo. Nós sempre estamos, na Verdade, mas tudo o que é preciso é um pouco de glorificação de si mesmo para virar o nosso mundo de cabeça para baixo.

Na verdade, ser espiritualmente soberbo é ser egocêntrico, e o ego é tentador. *Não nos deixes cair em tentação.* Que tentação? Sentimento de superioridade, de que temos razão em tudo e de que somos capazes de julgar. *"A soberba espiritual ergue uma parede na mente como uma barreira contra a luz da sabedoria e da compreensão."* Onde antes havia iluminação, mesmo que uma réstia de luz, agora existem apenas as trevas da confusão. Quando as trevas prevalecem, elas podem ser comparadas à noite escura da alma. E tudo começa quando achamos que sabemos mais que os outros, ou que temos um poder que os outros ainda não descobriram, ou que, por causa da nossa busca espiritual, nós nos julgamos "bons" — um pouco mais cheios de razão do que o nosso vizinho.

Jesus disse: "Sozinho eu não posso fazer nada" — sem Deus eu não *sou* nada. E em Marcos 10:17,18 lemos: *Ao sair para se pôr a caminho, correu para ele um homem, o qual se ajoelhou diante dele e lhe perguntou: "Bom Mestre, que hei de fazer para herdar a vida eterna?" Respondeu-lhe Jesus: "Por que me chamas bom? Ninguém é bom, senão Deus."*

Deus sozinho é o que nós somos, o Eu único e solitário, mas, quando se sente a influência do ego, todo o bem é atirado pela janela. Não existe essa coisa de "boa pessoa". O único bom é Deus *sendo* essa pessoa.

Jan e eu tivemos tanto sucesso no início com os princípios metafísicos que acreditávamos que não havia nada que não pudéssemos fazer — e estávamos certos. O *Eu* poderoso, o Eu único, pode fazer todas as coisas e, quanto mais nos sintonizávamos com essa Consciência, mais poder criativo era liberado. Então o ego começou a ser ameaçado e, silenciosamente, foi abrindo caminho na mente para assumir o crédito por todas as conquistas maravilhosas. A soberba espiritual se manifestou.

Quando vem a soberba, então vem a desonra; mas com os humildes está a sabedoria. (Provérbios 11:2)

Posso me lembrar de alguns comentários que fiz a alguns sócios meus num negócio que estavam tendo problemas, normalmente num tom de voz paternal do tipo: "Deixem que eu mostro como fazer." Isso aconteceu numa agência de publicidade na década de 1960 — eu era vice-presidente — e meu conselho consistia basicamente em castigar as pessoas por não usarem o poder da mente, com a sugestão sutil para pensar como eu.

O mestre tibetano Djwhal Khul tem um ditado sobre esse assunto: "O fascínio da presunção (...) é a crença, em linguagem comum, do discípulo de que o seu ponto de vista está inteiramente certo. De novo, isso alimenta o orgulho e tende a fazer o discípulo acreditar que ele é uma autoridade e é infalível. Essa é a posição do teólogo."[1]

Sim, eu estava pregando a minha doutrina sobre metafísica, "lançando as minhas pérolas" diante de pessoas que não faziam a menor idéia do que eu estava falando e podiam se preocupar menos. Mais tarde, como presidente de outra agência, enviei um memorando aos funcionários exaltando as virtudes das afirmações e sugerindo que usássemos nosso poder interior para atrair os clientes adequados para nós. E o que se comentava pelo escritório era que eu havia perdido a cabeça. Era verdade que com a nebulosidade da soberba espiritual eu perdera alguma coisa — aquela consciência profunda da Presença interior — e perda atrai perda. Nós começamos a perder clientes e finalmente tivemos de vender a agência.

A soberba precede a destruição e a altivez do espírito precede a queda. (Provérbios 16:18)

Eu comecei tudo de novo, não só a ganhar a vida, mas a entender que a vida espiritual era realmente o que importava. E fui levado a estudar o verdadeiro significado da humildade. Mesmo de volta ao sopé da montanha, houve momentos em que o ego chegava a uma posição dominante, mas ao menos agora eu conhecia a sua face e podia ver o efeito imediato. Numa ocasião, depois de sentir em vez de presumir alguma coisa, meu tornozelo inchou até ficar duas vezes o seu tamanho — não tinha torcido nem distendido, mas apenas inchado em correspondência à minha maneira de pensar. Isso aconteceu mais ou menos na época em que decidi ser o Sr. Manso, uma posição na direção oposta. E posso lhe afirmar que também não funcionou, porque você acaba não tendo segurança de si mesmo a respeito de nada.

O caminho do meio

Há um caminho do meio que devemos trilhar, um caminho entre a glorificação de si mesmo e a subserviência desanimada. *"Para atingir o objetivo da vida, sirva com humildade enquanto sustenta a Verdade com determinação."* Escrevi sobre a humildade no meu livro Living a Life of Joy:

> Muitos de nós podem equiparar humildade à fraqueza, embora exatamente o oposto seja verdadeiro. Basta observar o antônimo de humildade: orgulho, arrogância, grosseria, vaidade, pretensão, ostentação e altivez. Uma pessoa conhecida por essas características é, na verdade, um fraco.
> A verdadeira humildade significa ser aberto e receptivo a novas idéias. É ser despretensioso. É a consciência do consentimento, uma vontade de encontrar o caminho superior pela sujeição do (ego). Com humildade o nosso verdadeiro merecimento começa a brilhar como o sol do meio-dia. Sem ela pode se instalar uma forma de rigidez, que se torna outra experiência a passar.[2]

À medida que seguimos pelo caminho do meio, nós o fazemos com a mente e o coração abertos, sabendo que a sabedoria e a compreensão que temos — e que aumentará ainda mais — vem da Mente de Deus e não da arrogância do ego. Estamos centrados no Espírito e nele encontramos a nossa força. Não dependemos do mundo externo para o nosso bem; vemos tudo para o bem de todos; entendemos a vontade de Deus; e sabemos que o Espírito nunca irá nos abandonar. Quando for necessário, devemos manter a boca fechada, e quando for preciso falar a verdade, iremos saber que é a Verdade falando por si mesma, e não devemos ter medo de nos expressar.

No caminho do meio, somos verdadeiros como o nosso Eu, o grande e superior Eu que nós somos. "É fácil distinguir a grandeza da grandiosidade, porque o amor nós recebemos de volta, e a soberba não. A soberba não faz milagres, e irá portanto privar você dos verdadeiros testemunhos da sua realidade."[3] O livro Um Curso de Milagres está certo. A Autoconfiança total baseia-se no amor, ao passo que a soberba não, e realmente produz milagres.

Para firmar a nossa posição nesse degrau da escada, vamos trabalhar com o seguinte procedimento de meditação:

Eu concordo, deste momento em diante, em fazer o melhor possível para ter em mente a Presença do EU SOU, a sentir amor e alegria, a ter pensamentos amorosos a respeito de todos e a agir sempre de acordo com um sentimento de orientação interior.

Para realizar isso, novamente eu me liberto de todos os medos, ressentimentos, condenações e rancores. Renuncio a todos os meus enganos do passado e erros de julgamento, e me desfaço de toda a falsa soberba e emoções egoístas.

Tudo na minha consciência que poderia me manter na servidão eu agora lanço sobre o Cristo interior para ser extinto. Hoje eu opto por viver sob a graça, na consciência espiritual. E eu vejo e reconheço essa consciência como a influência harmonizadora perfeita em todos os relacionamentos, o ajuste perfeito em todas as situações, a saída perfeita de todas as complicações, a realização perfeita da minha vida.

Agora eu prossigo com fé, depositando minha confiança em Cristo como a minha consciência, e vivendo cada momento com o coração transbordando de gratidão, amor e alegria.

✥ ✥ ✥ ✥ ✥

Lição 21

Seja você mesmo

*A auto-imagem deve ser a consciência
da sua Santidade, pois Ela é tudo o que você
é, ainda que a sua singularidade como
Indivíduo venha da experiência de muitas
vidas, todas elas tornando você indispensável
no processo cósmico. Não imite os outros nem
se esforce para ser alguém que você não é. Valorize
a contribuição peculiar que você pode dar a
este mundo. Conheça o seu valor. Seja você mesmo.*

Pensei nos homens e mulheres que têm procurado as atividades que eu promovo e refleti sobre a peça do quebra-cabeça cósmico que cada um traz consigo em sua identidade pessoal. E você, que está lendo este livro — já considerou que é diferente de todas as outras pessoas no mundo inteiro, incluindo ambos os lados do véu? Com todas as suas aventuras, tarefas, jornadas e experiências no desempenho de todos os tipos de personagem no cenário de muitas vidas, ninguém teve o mesmo tipo de "tempero" que você tem.

Numa experiência verdadeiramente mística na luz, minha mãe foi informada por vozes de seres invisíveis que Jan e eu tínhamos percorrido muitas terras, havíamos tido contato com uma grande variedade de culturas, havíamos falado diversas línguas e passado por sofrimentos e alegrias, desespero e esperança, fracasso e sucesso — toda a gama de emoções e desafios humanos — para chegar onde estávamos e nos preparar para o compromisso atual. O mesmo pode ser dito a seu respeito. Você veio para esta vida com a sua peça do quebra-cabeça, e este mundo não seria completo sem você e a sua contribuição para todo o processo cósmico. Não existe ninguém como você em nenhum outro lugar. E no esquema das coisas de Deus, isso é perfeito, porque você pode usar a sua chave pessoal e sem cópia para abrir a fechadura que foi criada para você pouco antes dessa encarnação. Sim, você tem mesmo uma missão e pode cumpri-la apenas sendo você mesmo.

"*A auto-imagem deve ser a consciência da sua Santidade*" — e estamos aprofundando essa consciência por meio destes passos — "*ainda que a sua singularidade como Indivíduo venha da experiência de muitas vidas.*" Ao longo de muitas eras, nós aguçamos a nossa consciência para incluir nossos talentos e habilidades, nossos pontos de vista pessoais sobre a vida e a nossa maneira de nos expressar. Escolhemos uma grande variedade de energias planetárias com as quais encarnar, a cada vez com um signo solar diferente (expressão da personalidade), signo ascendente (o propósito do Espírito) e lua (representando o nosso passado). Não há como expressar quantas vezes percorremos todo o zodíaco, o que significa que nos sujeitamos a uma ampla gama de energias condicionantes.

E, então, considere o fato de que nós escolhemos os nossos pais em cada encarnação — ou consentimos que eles desempenhem esse papel —, o que nos sujeita ao campo de energia deles e às forças governantes em ação na consciência deles. Não admira que não haja mais ninguém como nós.

Você pode dizer: "Mas eu sou apenas eu." Essa é a questão. Você é *você*! E embora você possa não saber neste momento o exato significado do fio que você representa no tecido universal e como ele torna o reino completo, esteja certo de que o Espírito sabe. Você *vai* ter a oportunidade de concluir a sua missão, e não existe missão maior ou menor; portanto, não pense em termos de insignificância.

Não será isso realmente a essência do Código? De acordo com o que eu escrevi na Introdução:

> Ele está dizendo: "Eu era matéria, tive uma personalidade, usei a minha mente e expressei os meus sentimentos — tudo em consonância com o Espírito de Deus, que todos vocês são. Portanto, permaneçam fortes como uma pessoa completa, não precisando se desculpar por usar uma capa de pele ou por ser o resultado das suas experiências. O mundo precisa de vocês como vocês são, e as falsas crenças de vocês serão corrigidas quando vocês tomarem consciência de si mesmos por inteiro na consciência espiritual."

Não vamos tentar ser algo que não somos. Eu sou eu e você é você e, a cada passo que damos na direção da consciência espiritual, os pensamentos equivocados são desfeitos. Nesse meio-tempo, aceitamos a nós mesmos como somos no presente momento. Eu sei que não sou a mesma pessoa de um ano atrás, ou talvez mesmo de um mês atrás. Todos crescemos, sempre e, até chegarmos ao nosso Destino, vamos ser nós mesmos.

Uma entrevista com alguém normalmente começa assim: "Fale sobre você." E nós normalmente tentamos abordar apenas os aspectos positivos — mencionando apenas os pontos altos — e ocultamos aquela nossa parte que pode parecer não convencional, estranha ou excêntrica. Mesmo nas nossas relações com as pessoas, muitas vezes tentamos mostrar apenas nosso lado "bom", ao intuirmos qual possa ser a interpretação *delas* de bem e mal. Mas lembre-se...

Você é consciência; portanto, tem uma personalidade, assim como eu tenho, o que é uma expressão da sua singularidade. Não a negue nem a condene, ou o mundo perderá um sabor especial na grande miscelânea da vida.

Tudo volta a ser verdade para nós, e não tente agradar sempre aos outros, aderindo às suas rígidas expectativas. Jan e eu somos abençoados com amigos que são um pouco excêntricos e contribuem com o seu próprio tempero de maneira convicta. Eles são aparentemente teatrais, agradavelmente terrenos e imensamente cheios de imaginação em suas perspectivas de vida. Nós adoramos a integridade deles porque eles sempre são o que são.

E, finalmente: *"Conheça o seu valor. Seja você mesmo."* Conhecer o seu valor e ser você mesmo andam lado a lado. Em *Living a Life of Joy,* eu escrevi: "Reconheço o meu verdadeiro valor e não desejo ser outra pessoa diferente da que eu sou. Deus não é completo sem mim, o que significa que quem eu sou é a parte mais importante do universo no que se refere ao que eu sou. Eu medito profundamente sobre isso para chegar a uma compreensão maior."[1]

O valor pessoal é constituído de três qualidades essenciais. A primeira é a inocência, que significa ausência de culpa e de mácula. A segunda é a humildade, e a terceira é o respeito pela vida e por tudo o que ela compreende. As três juntas na consciência nos levam a um estado de excelência.

Meditação

Deus expressou a Si mesmo como eu, e eu vivo eternamente em Deus, com Deus, como o Espírito de Deus. A plenitude da Divindade habita o meu ser e se expressa por meu intermédio como todo o bem e toda a perfeição. Sou um canal para a mudança positiva neste mundo.

Reconheço o meu valor como ser individual vivendo na terra neste momento. Como a própria excelência de Deus, faço parte do Grande Plano de continuidade da criação, e a minha contribuição a este mundo é de importância vital no esquema divino das coisas.

Equilibrado, poderoso e tranqüilo, faço a minha parte com amor e alegria. Sou inocente, aberto e receptivo para a ação correta, e dedicado ao meu objetivo na vida. Tudo o que eu faço tem sentido e vale a pena. Tenho direitos porque eu sei quem eu sou.

LIÇÃO 22

Viva apenas como consciência espiritual

Desempenhe o seu papel na vida como você mesmo, com o gosto e a paixão do momento; ainda assim, não perca o sentimento da Verdade que você é como ser espiritual, uma Identidade única sempre perfeita e completa. Você não foi criado como um ser separado, pois Deus não conhece nada além de Si Mesmo. Deus é Consciência e é apenas a Consciência que expressa a individualidade. Você não tem uma mente própria, pois existe apenas uma Mente; não existe mortalidade, nem ser separado — apenas a Unidade que você é. Tudo é Espírito. A taça de consciência espiritual está sempre cheia de Espírito, até que a consciência em si se desvaneça em saber, pelo completo abandono ao Ser único.

Onde a maioria das pessoas vive na consciência e como consciência? Algumas pensam em si mesmas basicamente como um corpo — essas pessoas são conscientes do *corpo* — e vão tentar todos os remédios externos disponíveis para se sentirem melhores, mais jovens, mais ativas e dispostas. Muitas pessoas se baseiam mais nas emoções e se identificam com uma série de sentimentos e sensações reativos, ao passo que outras combinam pensamento e sentimento como a consciência predominante.

Até que a nossa identidade seja transferida para o Espírito, o nosso Eu único, enquanto continua a viver *com o gosto e a paixão do momento,* nós não estamos vivendo a Verdade do nosso Ser, e a nossa vida será incompleta.

Nas etapas que atravessamos até aqui, o tema central foi a verdade da nossa Identidade única. Deus é tudo o que existe. Se não for de Deus, não existe. Nós somos de Deus, e é impossível que exista algo diferente de Deus em nós, por nosso intermédio e como nós. Existe apenas Espírito, no Absoluto e na Autoconsciência — uma mente funcionando em diferentes vibrações. Nós somos esse Espírito, essa Mente; não existe outra.

Nós não podemos ser separados de Deus porque Deus não Se decompõe em partes. *Tudo* o que é de Deus está onde estamos, no que nós somos. O sentido de "humano" não passa de um pensamento do ego, uma falsa crença. Quando nos percebemos equivocadamente a nós mesmos como corpo e como algo diferente do Espírito de Deus, o efeito é semelhante a uma tromba-d'água no oceano — um redemoinho que sugava toda a Verdade da nossa mente, deixando-nos num vazio a ser preenchido pelo ego criado no medo. Mas agora estamos dissolvendo esse vórtice de mentiras e retornando às águas calmas do reino, onde nosso Eu único vive em paz e alegria.

Quando a nossa mente está concentrada no Eu-Realidade — não só "interiormente" mas como a *totalidade* de todos nós — sentimos o calor invadindo o nosso coração, o reconhecimento da Presença nos nossos pensamentos e o toque do Espírito em toda a nossa volta. *"A taça da consciência espiritual está sempre cheia de Espírito, até que a consciência em si se dissolva em saber pelo completo abandono ao Ser único."* Nós nos tornamos aquilo que contemplamos.

*Espírito eu sou, um sagrado Filho de Deus,
Livre de todos os limites, seguro e sadio e íntegro,
Livre para perdoar e livre para salvar o mundo.*[1]

*Eu sou o sagrado Filho de Deus Em Si.
Não posso sofrer, não posso sentir dor;
Não posso sentir perda, nem deixar de fazer
Tudo o que é preciso para a salvação.*[2]

Deus, Consciência, é o nosso único Eu, a nossa única Individualidade, a nossa única Existência, o nosso Todo no Todo, e temos de viver como essa Verdade. *Eu sou Deus sendo Eu. Eu sou como Jesus.*

Numa das antigas Academias Sagradas, os alunos eram treinados dia e noite na verdade da sua identidade divina, e eles recebiam correntes pesadas para carregar ao redor do pescoço para servir como um lembrete constante. Eu não sei se isso funcionava ou não. Os alunos provavelmente tornaram-se tão conscientes da corrente que a consciência do Espírito perdia terreno. Por experiência própria, e pela de Jan também, nós descobrimos que a consciência se aprofunda com toda atividade espiritual. Os livros, fitas gravadas e cursos são pontos de partida, e a meditação é o fertilizante que faz as sementes-pensamentos se converterem em realizações. Mas descobrimos que o verdadeiro progresso ocorre quando nós fazemos o melhor possível para manter o ponteiro da bússola apontado para o Espírito a cada momento, a cada hora, a cada dia. Fazemos isso, na maioria das vezes, por meio de sentimentos de gratidão — uma oferenda contínua de "Agradecimento" pelas bênçãos percebidas e não-percebidas, sendo receptivo ao amor transbordante que vem de dentro e ouvindo a reveladora voz interior. Também "praticamos a Presença" pela lembrança da onisciência — a Sapiência infinita do Espírito — e da onipotência, o único e exclusivo Poder em ação sobre a nossa vida.

Também ficou muito claro para mim, numa manhã de meditação, que consciência espiritual significa amar *quem* nós somos — o Senhor-Eu que ocupa o único espaço *onde* estamos — com adoração total. Inclinei a cabeça em concordância e a voz interior disse:

> *Não passe desta etapa enquanto não entender o seu significado. Deve haver uma entrega total ao Espírito único, um abandono total de tudo em reverência absoluta pela majestade do Uno. Amar ao seu Senhor com toda a força da mente e do coração é exaltar, adorar o seu Eu com todo o seu ser, como se estivesse na própria presença de Deus, que você é. Isso não implica uma natureza dual. É olhar no espelho da Mente e ver o seu Eu. É o raio adorando o sol, a expressão reverenciando o Verbo.*

Foi então que entendi por inteiro o que realmente significa "completo abandono ao Espírito". É por meio dessa paixão intensa, desse amor e devoção dirigidos interiormente para o Eu Magnificente que somos que dissolvemos a consciência em sabedoria.

Faça uma pausa neste ponto, olhe para dentro de si e adore o seu Eu Sagrado como você nunca fez antes. Entregue-se inteiramente à Presença com todo o amor que você tem na mente e no coração; então fique quieto, ouça e sinta a resposta. Essa pode ser uma experiência que mudará a sua vida exatamente neste momento. E não vamos nos esquecer de que todos nós somos o Espírito de Deus, o Cristo, e que devemos amar e venerar o próximo como o nosso Eu.

Sim, viver em consciência espiritual requer disciplina, mas com certeza o esforço vale a pena, porque depois de um tempo entendemos que o ego não nos controla mais e que o Espírito se expressa dentro e por meio de nós — ao menos na extensão da nossa consciência, compreensão e conhecimento do Espírito. Pessoas sem conta assumiram esse compromisso e estão neste momento cruzando a passagem para essa Terra Prometida, conforme mostram as seguintes cartas que recebi:

Não acredito como eu estava perdida na escuridão. Em vez de um mundo decadente, odioso e solitário, agora eu vejo um mundo perfeito, adorável e maravilhoso. Não consigo explicar a alegria que tenho sentido agora que sei quem eu realmente sou e o objetivo que está por trás de todo o sofrimento. Agora a minha vida tem significado e, em vez de vagar sem rumo, tenho um caminho iluminado aberto à minha frente.

Eu tive a plena consciência de que havia atingido a iluminação quando fiz 40 anos de idade. (...) Eu senti todo o peso do mundo sendo tirado das minhas costas. A vida não era mais um fardo de sofrimento, tristeza ou depressão. Eu me senti dez anos mais jovem, ao mesmo tempo que tinha a sensação de que tinha encontrado a fonte da juventude. Eu me sentia num lugar maravilhoso de paz e perfeição.

Saí com o meu carro e dirigi a esmo. Muitas vezes, quando eu fazia isso, e a minha mente se ocupava apenas em dirigir, os pensamentos ou as intuições me ocorriam. Mas eu marquei o dia de ontem no meu calendário, porque foi a mensagem mais impressionante que recebi na vida. Eu ouvi uma voz diferente que eu nunca tinha ouvido antes. Ela era tão profunda que eu tive de parar o carro. Recebi informações suficientes para encher vários livros em poucos segundos. Então diante dos meus olhos vi toda a minha vida até aquele momento e fiquei sabendo qual era a minha verdadeira função nesta vida e qual será o meu futuro se eu fizer esse trabalho.

Agora eu sei que as pessoas cometem um erro terrível quando negam a própria divindade, quando acreditam que não podem realizar os maiores milagres em benefício de todos os seres vivos. Se necessário, uma pessoa sozinha poderia transformar o planeta Terra inteiro, simplesmente porque cada um de nós é abençoado com o Poder Divino, a Sabedoria Divina e, acima de tudo, com o Amor Divino.

Há muitos anos eu me sinto empolgada por estar viva nesta época, mas nunca me senti mais realizada do que agora. A cada dia, a Natureza envia uma mensagem de equilíbrio para mim em alto e bom som. Na Natureza, eu reconheço a minha verdadeira identidade, a minha verdadeira razão de viver, e a cada dia a minha vida tem menos separação. "Rejubilai-vos! O Reino dos Céus está ao vosso alcance.

A luz está mais brilhante a cada dia e a ilusão desvanece na luz como os sonhos da noite anterior. Quando eu repouso na cama e entrego tudo ao Espírito, desperto de manhã e o dia é inteiramente novo. Como por um passe de mágica, as preocupações do dia anterior não têm força para empanar a minha alegria. E, enquanto eu me dou ao Espírito, eu também desapareço e, assim, existe apenas Deus. Agora existe integridade, unidade e alegria, pois a cortina cerrada foi aberta e a alma foi inundada de luz. Onde havia apenas eu, agora existe Deus.

A experiência de um pode ser a experiência de todos, moldada de acordo com a consciência de cada pessoa. Além de entender as lições, comece agora a se equiparar a Deus, à sua Verdade, em tudo o que você ouve, sente e vê. Isso irá expandir a sua consciência espiritual ainda mais e acelerar a chegada da realização.

Toda vez que você ouvir um pássaro cantar, *pense em Deus,* e então diga: "Eu sou o que EU SOU, nada além dessa Unidade."

Sempre que sentir uma brisa suave, *pense em Deus,* e então diga: "Deus é tudo o que existe... *Eu* sou o vento suave, pois *Eu* sou tudo o que existe."

Quando os raios do sol brilharem sobre você, *pense em Deus,* e então diga: "Sou onipresente como o sol brilhante. Os meus raios são quentes e acariciantes."

Ao ver uma flor, *pense em Deus,* e então diga: *"Eu* me expresso como tudo o que é bom, verdadeiro e belo na vida, pois só existe uma vida, uma presença, que é o que EU SOU."

Quando sair para caminhar, *pense em Deus,* e então diga: "Estou levando o corpo para caminhar. *Eu* sou o poder do movimento. Não existe outro poder."

Ao encontrar outra pessoa, *pense em Deus,* então cumprimente-a com um movimento de cabeça e fale para si mesmo: "Tu és o Espírito do Deus vivo, o Eu Sagrado que EU SOU. Quando eu Te vejo, eu vejo a Mim."

Toda vez que você tiver uma intuição, um lampejo de revelação, *pense em Deus,* e então diga, *"Eu* falo e ouço, pois existe apenas uma Voz falando para Si Mesma. Tudo é Deus".

É isso que vem a ser a consciência espiritual, em que cada pergunta é respondida e cada suposto problema é resolvido, e nós nos encontramos vivendo no estado divino de realização total. Essa é a *consciência espiritual* que realiza a obra!

Meditação a partir desta lição

Eu vivo com o sabor e a paixão do momento, ainda assim, eu não me distancio da Verdade de que eu sou um ser espiritual, uma Identidade única sempre perfeita e completa.

Não fui criado como um ser separado, pois Deus não conhece nada além de Si Mesmo. Deus é Consciência e é apenas a Consciência que expressa a individualidade. Eu sou a Consciência.

Eu não tenho uma mente própria, pois existe apenas uma Mente; não existe mortalidade, nem seres separados, apenas a Unidade que eu sou. Tudo é Espírito.

Pelo amor e pela adoração, eu me rendi completamente ao Espírito, e a consciência do Eu se desvanece no conhecimento supremo, absoluto de Quem eu sou.

Eu vivo apenas como consciência espiritual.

LIÇÃO 23
Considere os fenômenos paranormais como normais

*O normal é o comum, o esperado;
ainda assim, na consciência espiritual,
pode-se ver, sentir e viver o que está além
do plano do normal, oferecendo, assim, uma
visão elevada da vida. Não tema esses
fenômenos, mas aceite-os como uma visão
etérica do mundo subjetivo além
da realidade física.*

✣ ✣ ✣

Eu não me surpreenderia se uma porcentagem elevada de vocês tivesse tido experiências altamente incomuns que não pudessem ser explicadas de imediato, mas que depois fossem consideradas como parte e parcela da sua vida espiritual. Eu sei que Jan e eu certamente tivemos, e o que aprendemos ao longo dos anos é que ver *"além do plano do normal"* é um dom que permite a todos nós provar que somos mais do que "humanos", que nada é impossível, indicando-nos a existência de vários mundos e dimensões — que a "vida" é muito mais do que costumamos perceber que ela seja.

Por exemplo, temos visto globos de luz pulsante no nosso quarto à noite e, uma vez, quando eles desapareceram de repente, Jan exclamou: "Ah, não vão embora!" E eles no mesmo instante reapareceram dançando pelo quarto. O que era aquilo? Nós os consideramos uma energia angélica. E aqueles de vocês que leram o meu livro com esse título, *Angel Energy*, sabem a respeito do grande ser de luz que apareceu no nosso quarto no verão de 1985. E, sim, essa experiência me assustou. Talvez não me tivesse assustado se eu soubesse na época: *"não tema esses fenômenos, mas aceite-os como uma visão etérica".*

O tempo também pareceu trabalhar a nosso favor e, no momento, me ocorrem duas experiências que tivemos. A primeira foi o atraso considerável de um vôo de Los Angeles, o que significaria que perderíamos a nossa conexão em Dallas e não estaríamos em casa no momento esperado. De alguma forma, o tempo foi comprimido, ficou parado, permitindo-nos chegar em casa no horário. Depois, em dezembro de 1997, fomos ao programa de Geraldo Rivera, para falar sobre os anjos que apareceram no nosso quarto na época da experiência de quase-morte de Jan. Foi uma ótima entrevista, mas a gravação atrasou e concluímos que perderíamos o nosso vôo. Presos no trânsito de Manhattan, olhei para o meu relógio, enquanto Jan fazia o mesmo. Não daria tempo. Quando chegamos ao aeroporto, nossos relógios ainda marcavam a hora e os minutos de antes. O tempo havia parado literalmente.

"Albert Einstein, o pai da física moderna, afirmou que não existe tempo absoluto. Em vez disso, disse ele, o tempo muda de acordo com o movimento do observador. Nós tratamos o tempo como se ele fosse linear, uma coisa levando a outra. Mas Einstein mostrou que passado, presente e futuro não precisam ter uma posição fixa."[1]

Nossa amiga Jean, de Little Rock, certamente considera os fenômenos paranormais como normais, depois do que aconteceu com ela. Ela ia num automóvel como passageira quando, ao passar por um sinal verde num cruzamento movimentado, outro carro cruzou a frente do dela, desrespeitando o farol vermelho. Jean escreveu: "Uma fração de segundo antes do choque iminente, parecemos nos mover num estado de vibração superior e os dois carros literalmente atravessaram um ao outro— como se atravessassem uma parede. Eu vejo como se fosse hoje aquele carro vindo na nossa direção, e ainda assim os carros não se tocaram."

Tudo é energia. A consciência espiritual sabe disso e é capaz de mudar a vibração na situação para o bem do todo. Observe o que aconteceu a Jesus em Lucas 4:29-30, quando as pessoas "levantando-se, expulsaram-no da cidade e o levaram até o despenhadeiro do monte em que a cidade estava edificada, para dali o precipitarem. Ele, porém, passando pelo meio deles, seguiu o seu caminho". Aquele estado "de vibração superior" está ao alcance de todos nós quando estamos sintonizados com a Verdade.

No Capítulo 4, foi feita uma referência a experiências fora do corpo (EFCs). Logo depois que o meu padrasto morreu, no início dos anos 70, eu saí do meu corpo para visitá-lo do outro lado e fui conduzido a um hospital. Quando perguntei sobre ele, fui informado de que ainda era cedo para visitá-lo, de que seria melhor voltar em outra ocasião. Aquela EFC não foi planejada; ela aconteceu de um modo totalmente espontâneo. Alguns anos depois, uma noite eu estava lendo na cama e Jan já havia dormido. Pelo canto do olho, eu a vi saindo do corpo, flutuando à minha frente e atravessando a parede. Pensei: "Ela está saindo na minha frente", e imediatamente tentei alcançá-la. Não consegui dessa vez, mas desde então nós descobrimos que as viagens fora do corpo não são muito difíceis de fazer.

Jan também tem o dom de me ver com o olho interior. Isso não acontece o tempo todo, mas com freqüência ela pode ver bem tanto com os olhos fechados quanto com os olhos abertos. Mesmo num ambiente totalmente desconhecido, ela é capaz de descrever todos os detalhes com os olhos fechados. Talvez pareça que o centro do terceiro olho dela foi despertado. Talvez, quando galgamos a escada espiritual da consciência, o etérico é energizado para abrir a porta para os mundos espirituais fora e além do aparato sensorial comum. É quando começamos a ver a energia que está por trás das formas e temos uma compreensão maior do mundo não-físico.

Por mais interessante que isso possa parecer, vamos nos lembrar de que as experiências místicas não são o objetivo da consciência espiritual. São apenas conseqüências, portanto, não vamos pôr o carro na frente dos bois. Nossa meta na vida é ser a Pessoa Íntegra para a qual fomos criados, e para viver a Realidade, vivendo numa freqüência superior da consciência. Então, à medida que as experiências se sucederem, estaremos mental e emocionalmente prontos para apreciá-las pelo que elas são — uma compreensão ou lampejos do *"mundo subjetivo além da realidade física".*

O livro *Um Curso de Milagres* afirma:

> Não existem, é claro, poderes "não-naturais", que obviamente não passam de um apelo à magia para constituir em um poder que não existe. No entanto, é igualmente óbvio que toda pessoa tem muitas faculdades das quais não tem consciência. À medida que essa consciência aumenta, a pessoa adquire a capacidade de desenvolver faculdades com as quais poderá até se surpreender. Ainda assim, nada do que ela faça poderá se comparar, mesmo superficialmente, com a gloriosa surpresa de se lembrar de Quem ela é.[2]

LIÇÃO 24
Não veja separação entre os planos da existência

Em Deus existe apenas unidade, no céu e na terra como moradas, e o céu na terra como felicidade completa, mas aqui vamos meditar sobre o anterior. Não existe separação entre o universo invisível de muitos mundos e o mundo visível. Eles estão unidos como as áreas profundas e rasas do mar, o calor e a luz branda do sol. Aí reside a verdade da vida permanente e das muitas mansões.

Todas as passagens entre as dimensões estão abertas, sem restrições, com grande atividade através das portas abertas para o plano em que você se encontra. Aí está a confirmação da próxima transformação na terra.

Costumamos pensar sobre o céu e a terra como duas regiões geográficas separadas — uma onde vivemos como um corpo físico, a outra a nossa morada depois que deixamos o corpo. E consideramos o "céu na terra" como a pura bênção de viver neste mundo material quando num estado de consciência espiritual.

Agora nós entendemos que o céu e a terra como lares são um só, entrelaçados, e que o paraíso terrestre que estivemos buscando não acontecerá mas já acontece. Esse último ponto não foi enfatizado na lição, mas vamos considerá-lo rapidamente.

Jesus disse: "O reino dos céus é chegado", o que significa que ele está aqui agora. É claro. Pense na *onipresença,* na *onisciência* e na *onipotência* — Presença, Mente e Poder únicos. Como poderia ser de outra maneira? É pela consciência espiritual que percebemos o céu e a terra como uma coisa só, como a bênção de viver espiritualmente no plano material. Deus nos vê como seres perfeitos e assim nós somos. Na consciência espiritual, vemos que nada precisa ser corrigido; já somos íntegros e completos. Nada precisa ser melhorado, porque somos o ponto focal da substância-amor infinitos, o que se expressa eternamente como as riquezas do universo.

E para esse universo mantemos a Integridade. Dizemos: *Olhe para Mim! Eu não tenho vontades nem necessidades porque tenho tudo, e nada me pode ser dado ou tomado. Eu sou a totalidade de tudo o que Deus é, agora e para sempre mais.* E o universo reflete em nós o que somos e vemos apenas perfeição resplandecente em toda a atividade da vida, onde quer que estejamos, aonde quer que vamos.

Agora vamos retornar à unidade das nossas moradas, física e não-física, entrelaçadas.

Jan escreveu no livro dela, *The Other Side of Death:*

> O Grande Além não está fora ou acima, mas *dentro* — dentro de você e de mim e de todo mundo — exatamente onde estamos neste momento. No nosso modo de pensar tridimensional, isso pode ser difícil de entender, mas o outro lado da morte é simplesmente outra dimensão e a porta para essa dimensão está dentro dos nossos campos energéticos individuais. É um "local secreto" — uma longitude e uma latitude cósmicas no fundo da consciência interior — um vórtice de energia pe-

lo qual passamos para o mundo do céu, um mundo mais próximo do que a respiração. Agora podemos entender por que aqueles que passaram para ele ainda parecem estar tão próximos de nós. Eles estão.[1]

Com referência à experiência de quase-morte por que passou, Jan pergunta:

> O que foi que esse caminho batido de idas e vindas fez àquele vórtice de energia dentro de cada um de nós que representa a porta, ou o véu, entre os dois mundos? Será que a densidade coletiva foi reduzida a tal ponto que não é mais uma barreira palpável? Na minha opinião, a resposta é sim. Acredito que existe hoje uma fenda permanente na cortina, permitindo àqueles que estão do outro lado entrar no mundo físico à vontade.[2]

Os cientistas que estudaram as experiências de quase-morte concluíram que o mundo do além é um *mundo freqüencial* — ou seja, numa freqüência superior do que o mundo material, mas não separado deste plano da existência, e pode ser franqueado por meio de uma *mudança de consciência*. Aqueles que foram lá antes de nós nunca partiram. Eles estão exatamente aqui onde estamos, sem considerar nem o tempo nem o espaço, simplesmente numa existência consciente em outras freqüências de consciência — as freqüências do mundo não-físico. *"Não existe separação entre o universo invisível de muitos mundos e o mundo visível."*

Quando minha mãe me contava sobre as várias visitas que o meu pai fazia a partir do "outro lado do véu", eu nunca pensei nele fazendo uma longa jornada pelo espaço exterior ou voltando para cá através de um túnel. Não, o meu pai aparecia vindo do *espaço interior* quando a minha mãe precisava de ajuda, no mais das vezes caminhando como uma imagem em corpo presente.

Eu escrevi sobre o casal de chineses que pararam à minha frente e de Jan durante nossos primeiros cursos, invisíveis para nós mas vistos por várias pessoas na platéia, que descreveram a mesma aparência e as suas roupas. Mais tarde eu escrevi: "Eles provavelmente tornaram-se visíveis para os outros de modo que sua aparição pudesse ser confiável para nós, negando assim toda e qualquer soberba espiritual sobre a nossa recém-descoberta capacidade de transmitir os temas da Verdade. Nós não estávamos sozinhos nisso; tínhamos auxiliares sagrados."[3] Anos depois, entendi como isso era verdadeiro quando três pessoas se materializaram de repente na nossa sala para me dar seu apoio sobre a minha missão nesta vida — e então partiram da mesma maneira teatral. Fiquei tão emocionado que chorei por várias horas.

Temos recebido cartas de pessoas de todos os Estados Unidos sobre visitas de outros mundos. A carta a seguir foi uma das que considerei mais interessantes:

Vários anos atrás, eu me encontrava no meio de uma situação muito complicada no trabalho. Meus colegas não me davam apoio depois das minhas dificuldades com os chefes, e eu me senti completamente desmoralizado e provavelmente deprimido, na definição clínica do termo. Comecei a pensar em suicídio, e não era capaz nem de imaginar a idéia de outras opções — matar-me parecia ser a única saída para a minha tristeza profunda.

Bem, uma tarde eu estava sentado num restaurante, esperando depois de ter feito o meu pedido, quando uma mulher, uma estranha, acomodou-se no assento à minha frente. Ela me olhou direto nos olhos e disse: 'Não cometa suicídio.' Ela conversou comigo mais um pouco e não me lembro das palavras exatas, só que as palavras tinham esse mesmo sentido. Fiquei sem fala. Eu só concordava com ela em silêncio; então, quando ela saiu, eu nunca mais pensei em suicídio.[4]

No livro *Hello from Heaven*, de Bill Guggenheim e Judy Guggenheim, os autores apresentam entrevistas com 2 mil pessoas que acreditavam ter sido procuradas por um ente querido que já havia morrido. Eis um dos casos:

Virgínia é uma enfermeira de Massachusetts. Ela ficou imediatamente aliviada quando a sua filha de 17 anos de idade, Érica, apareceu para ela depois de ter morrido num acidente de automóvel:

Quase um ano depois, acordei no meio de uma noite e vi Érica ao pé da minha cama. Ela olhou para mim e parecia estar muito feliz, além de aparentar uma saúde perfeita, sem nenhum ferimento nem nada mais.

Era a Érica em pessoa! Ela parecia estar viva e bem! Ela estava cheia de vida. Trajava uma saia azul-marinho e a blusa que usava sempre. Ela parecia de verdade e seu olhar era muito, mas muito tranqüilo.

Érica sorriu ligeiramente e disse: Eu estou bem, mãe. Está tudo certo. Não se preocupe comigo. Ela continuou visível por mais cerca de vinte segundos mais ou menos e então desapareceu de repente. Senti uma grande paz nesse momento e voltei a dormir imediatamente.[5]

Isso certamente nos dá uma prova da vida eterna, e de que não existe essa coisa de morte. E quando Jan esteve do outro lado, teve a oportunidade de ver vários níveis (freqüências?), comprovando assim a idéia das muitas mansões. Quando saímos deste plano, levamos a nossa consciência conosco e vamos para o nível ou freqüência que correspondem ao nosso estado de consciência.

Quando alguém volta através do véu, nem sempre aparece fisicamente. Além dos grandes seres de luz que entraram no nosso quarto, sentimos a presença de outros seres na nossa casa muitas vezes, e vimos o que os Guggenheims chamam de "aparências parciais" — uma névoa transparente ou uma luz brilhante. E em duas ocasiões, os médiuns espirituais ficaram impressionados com o número de entidades que "circulavam por ali". Com toda a certeza, elas diriam a mesma coisa sobre a nossa casa.

Então, por que é necessário sabermos que não existe separação entre os planos da existência, a não ser a verdade da vida eterna? Ao meditar sobre esse conceito, ouvimos a voz interior dizer: "Para que haja paz na terra" — e me apareceu de novo o segundo parágrafo desta lição: *"Todas as passagens entre as dimensões estão abertas, sem restrições, com grande atividade, atra-*

vés das portas abertas para o plano em que você se encontra. Aí está a confirmação da próxima transformação na terra."

Pensei por um momento, sentindo que era a nossa obrigação — os seres em forma física — consertar a bagunça que fizemos e ascender à consciência espiritual. E então perguntei se as pessoas das outras dimensões vinham realmente para nos ajudar. A resposta: "Esse movimento começou anos atrás, sendo visível ou não."

Lembrei-me da voz que ouvi em setembro de 1984, que disse que estava na hora de eu começar um período de serviço ao mundo, o que levou à criação do Dia de Cura Mundial, em 31 de dezembro de 1986. E quem reuniu mais de 500 milhões de pessoas no mesmo exato momento sem necessidade de publicidade nem de cobertura da mídia? Era algo "humanamente" impossível. Eu também pensei sobre a pena que apareceu misteriosamente no meu escritório em 14 de julho de 1985 — depois de eu ter acabado de escrever o Capítulo 1 do meu livro *Practical Spirituality*, sobre mudar a massa e a velocidade da energia negativa do mundo desde uma rocha até uma pena.

Em agosto de 1987, a Convergência Harmônica manifestou-se, assim como a multiplicidade de eventos pacíficos que ocorreram ao longo dos anos. Eu me lembrei dos "encontros casuais" com completos estranhos que diziam alguma coisa que me inspiraria a pensar globalmente para o bem de todos, os homens e mulheres desconhecidos em sonhos que transmitiram determinadas mensagens de amor e paz e a pequena chave que se materializou no meu carro logo depois de um encontro para discutir os Dias de Cura Mundial, em 1998 e 1999.

Todos estamos sendo influenciados a participar dessa grande revolução nas mentes e nos corações para revelar uma paz duradoura na terra. E essa lição implica a existência de legiões de homens e mulheres de além do véu que estão atravessando as passagens entre as dimensões, somando a sua consciência espiritual para servir no que seja necessário para o amanhecer do novo mundo. E eles estão buscando aqueles que manifestam uma consciência desperta — os Viajantes do Caminho, com quem possam cooperar e se comunicar.

Também não é possível que exista uma outra razão para esse "caminho batido", para usar as palavras de Jan? Que por meio de seu peso justo de consciência *espiritual,* aqueles que vêm vindo tenham uma influência sobre a mente coletiva mais depressa do que poderíamos fazer sozinhos? Eu acho que sim.

Em *Emissary of Light,* o autor James F. Twyman visitou as beligerantes Bósnia e Croácia e descobriu uma comunidade mítica conhecida como os Emissários da Luz. E, na conversa com um Professor, ele disse a James: "Milhares de pessoas como você darão esse passo e se tornarão exemplos para o mundo. Você fará isso por existir fora do mundo e dentro dele ao mesmo tempo. A humanidade verá de que maneira você existe e aprenderá com o seu exemplo." E quando James perguntou: "O que vem a ser a Porta para a Eternidade?", a resposta foi: "É uma entrada para a verdade que estava bem diante de você o tempo todo. Como um ser humano, você existe num universo tridimensional. E ainda assim existem outras dimensões das quais você não tem consciência mas que você tem a capacidade de acessar."

Mais adiante, o Professor disse: "Ajude-os a entender como eles são sagrados, que eles são todos Emissários da Luz. A humanidade deu um passo inacreditável e com esse passo veio uma nova responsabilidade. Ajude-os a depor os seus brinquedos e aceitar a paz onde ela realmente está — no interior. Eu estou sempre com você, Jimmy. Nunca se esqueça disso."

Então, conforme disse James, "De repente ele se foi. A luz desapareceu e eu estava sentado sozinho no alto da colina."[6]

Obviamente, os Emissários fazem parte dessa *"grande atividade através das portas abertas para o plano em que você se encontra".* Muitos chegaram e outros estão vindo. Não estamos sozinhos nessa grande busca.

E assim damos os passos para nos juntar a eles na consciência espiritual e consentimos entusiasticamente a fazer parte da equipe que está se reunindo de ambos os lados do véu para revelar o Plano Divino para a terra.

Lição 25

Veja apenas paz

O Código que eu recebi livremente é a consciência espiritual. Eu sou o Código; Eu sou a consciência espiritual. Quando você tem um, você tem a outra. Quando eu disse para você ser Eu, estava dizendo para você ser como Eu, para me seguir na consciência espiritual pelo reconhecimento de que tudo o que Eu sou você é.

O Código é a lei espiritual, que é a única garantia de paz e harmonia, seja na família, seja entre as nações. Enquanto o mundo avança para o fim e para um novo começo, ele irá continuar a espelhar a ilusão das trevas como a força dominante. Não reze para mudar o curso dos acontecimentos ou a causa do conflito não será revelada, nem procure interferir reagindo, pois a vida deve ser vivida conforme projetado pela mente coletiva, de outra maneira, o final justo apenas será retardado.

Os pensamentos coletivos moldam e propagam a energia nas profecias fatalistas. A cada milênio, o medo cresce por causa do coletivo expandido. Ainda assim, não fique apreensivo, pois os erros serão corrigidos com o despertar do coletivo pela atividade do Cristo.

A paz é negada a todos os que usurpam os direitos em nome da segurança nacional, aos que violam os princípios espirituais em nome da religião; àqueles cuja causa é considerada mais moral ou justa que outra; aos que servem apenas por interesses egoístas, pois eles permanecerão nas sombras.

A paz é garantida pela lei da consciência aos que buscam e encontram a Verdade. A Verdade, que é o Cristo universal, revela que não existe lei para sustentar as trevas, nenhum poder no mal, nenhuma realidade para a consciência humana com a sua ênfase na preservação de si mesmo. Este é o Código. Eu sou o Código; ainda assim o Código como consciência espiritual abrange todos os processos de pensamento relativos ao único Deus, e não apenas uma religião com a qual eu estou identificado.

*O ambiente familiar, as comunidades, as nações, o mundo só pode ser salvo por meio da consciência espiritual – não pela persuasão verbal, a conversão religiosa, os decretos teológicos, o engrandecimento político ou qualquer outro desafio humano.
A consciência espiritual não fala, não reza a favor de um lado ou de outro, não dita um curso de ação para o bem para derrotar o mal. A consciência espiritual não faz nada além de deixar que o Cristo faça o trabalho de cura na vida coletiva da família, da comunidade, da nação, do mundo. E os impulsos para o amor e a boa vontade são sentidos por todos.*

Para entender perfeitamente o Código, você tem de observar a Verdade suprema: Tu és o Cristo. Diz-se que Deus amou tanto o mundo que lhe deu o seu único Filho, que o mundo pode ser salvo por meio dele.

Cada homem, mulher e criança é esse único Filho, o Cristo, a expressão visível do Deus invisível. E é por meio do Cristo que a paz virá à terra.

É por meio da consciência espiritual, da consciência de Cristo, que a ignorância será eliminada; na Personalidade unificada, a superstição é anulada. Seja a Mente pela qual a luz brilha para revelar a Realidade. Veja apenas a paz.

Nesta longa e detalhada lição, somos solicitados a equiparar o Código a Jesus e à consciência espiritual, e a reconhecer que tudo o que ele é nós somos. Então nos é dada uma revelação sobre o futuro com a escuridão coletiva sendo a força dominante, seguida pela afirmação: *"Não reze para mudar o curso dos acontecimentos ou a causa do conflito não será revelada, nem procure interferir reagindo, pois a vida deve ser vivida conforme foi projetada pela mente coletiva; de outra maneira, o final justo apenas será retardado."* E nos informam para não ficarmos apreensivos durante esse processo, *"pois os erros serão corrigidos".*

Para mim, isso significa que o mundo vai avançar como antes, apenas num ritmo muito mais enfurecido de intolerância religiosa, as assim chamadas cruzadas morais, pretextando nacionalismo, orgulho coletivo e interesses egoístas exacerbados. As pessoas sintonizadas com as profecias fatalistas verão essa como uma oportunidade para um proselitismo religioso acelerado, proclamações teológicas e exibicionismo político. E qual será o seu papel no esquema das coisas? Nada do ponto de vista "humano". *"A consciência espiritual não faz nada além de deixar que o Cristo faça o trabalho de cura (...) e os impulsos para o amor e a boa vontade são sentidos por todos."*

Deixamos a natureza "humana", enquanto projetada pelo ego, desempenhar a si mesma no cenário da vida, sem nenhuma interferência emocional, independentemente de como ela possa parecer crítica. Entenda que todo sustentáculo na impressionante produção "deste mundo" tem de ser confiado à fortuna, porque é onde a sua consciência está. E para aqueles que atuam de acordo com a natureza do ego, os problemas devem ser resolvidos no nível da consciência de onde eles provieram — até que haja luz suficiente para dissipar as trevas.

No dia da revisão final deste capítulo, os jornais estavam cheios de reportagens sobre os bombardeios da Sérvia pela OTAN, a campanha sérvia contra a etnia albanesa em Kosovo, a turbulência política no Paraguai, o conflito entre Israel e a Palestina, os ataques de vírus nos computadores, a ascensão do movimento neonazista na Rússia e o caos político nos Estados Unidos. E quem sabe o que poderemos ler e ver nos meses vindouros. De acordo com a lição, cada situação e seu desdobramento vão continuar no curso para seu fim justo — os conflitos a serem resolvidos dentro da consciência que os criou, ou até o despertar espiritual da mente coletiva.

E, enquanto a encenação continua, nós começamos a assumir a nossa posição. Desistimos de falsas identidades como seres humanos e assumimos o pleno poder da consciência espiritual, não orando por um lado ou por outro, não ditando um curso de ação para o bem e para derrotar o mal, mas para deixar que a Luz de Cristo seja liberada para fazer o seu portentoso trabalho. Começamos como um indivíduo, e então nos unimos pela mente e pelo coração com um outro, depois com outro e ainda mais um outro — estendendo os laços com aqueles que sabem que são expressões visíveis do Deus invisível.

Vamos começar agora, neste dia — na nossa casa, onde quer que estejamos —, vamos para dentro e para o alto daquela mais alta freqüência da consciência, liberar a Luz, o Amor e a Energia do Espírito, e ver apenas paz neste mundo. E então, ao meio-dia, no horário de Greenwich, de 31 de dezembro, vamos nos reunir por um momento para a união de todas as mentes do globo. E lembre-se: os que se encontram nas outras dimensões vão comparecer para ajudar na cura do mundo. *"O movimento começou anos atrás, sendo visível ou não."*

Ao chegar a esta etapa, estamos mais conscientes do que jamais estivemos da nossa Identidade espiritual. Entendemos a dinâmica da mensagem do Cristo e como a atividade do Cristo no âmago do nosso ser se adianta para dissolver o sentido humano e influenciar positivamente os líderes de todo governo, religião, instituição e negócios — e a população do mundo em geral.

No nosso silêncio de *saber*, o Verbo é proferido por nosso intermédio e o Poder é liberado para o mundo — na consciência coletiva — e a grande mudança se inicia. As profecias fatalistas não se realizam e as ilusões são dispersadas para revelar a Realidade espiritual — o mundo unido de paz, amor e alegria. É o despertar espiritual do coletivo por meio da atividade do Cristo.

E nós contemplamos o verdadeiro significado da Segunda Vinda.

A comunicação final do Código de Jesus veio, como começou, num sonho. Foi-me apresentada uma grande bola quase da minha altura, e uma voz masculina me disse para segurar essa bola. Quando tentei fazê-lo, ela se afastou. Comecei a perseguir a bola e ela continuou a escapar de mim.

Então a voz masculina disse: "Para pegar a bola, você tem de *se transformar* na bola."

Perplexo, perguntei como eu poderia fazer isso.

"Encontre o ponto de contato dentro da sua mente que corresponde ao objeto da bola. *Veja* interiormente. *Sinta* interiormente. Agora, devagar, caminhando, aproxime-se do que está vendo e sentindo e *torne-se* a bola."

Eu segui as instruções e, depois de várias tentativas, de repente eu era a bola e a bola era eu, na mais completa unidade.

E a voz disse: "Esse é o segredo da oração."

"Mas eu não estava rezando", comentei.

"Esse é o segredo do Código."

Acordei e pensei sobre o sonho. O que nós buscamos sai de dentro de nós, seja a saúde, a riqueza, o sucesso ou os relacionamentos felizes. Ser como Jesus significa ficar tranqüilo e *tornar-se* o que estamos buscando, o que já somos e temos na plenitude do nosso ser. Então tudo o que desejamos pela nossa visão da vida ideal vai literalmente nos perseguir. No sonho, a bola representava cada um dos aspectos do reino acabado na terra, a integridade da vida onde cada aspiração já está plenamente manifesta. Precisamos ver e sentir a energia da paz, da alegria, da abundância, da integridade, do sucesso e dos relacionamentos amorosos. Precisamos ver e sentir tudo isso, caminhar para isso e nos tornarmos tudo isso. E, quando o fizermos, nosso conceito de prece vai mudar radicalmente.

Tendo Salomão acabado de orar (...) a glória do Senhor encheu a casa. (2 Crônicas 7:1)

Quando nós, finalmente, paramos de buscar, ao entender que já temos tudo, a glória da Consciência preenche o nosso coração e a nossa mente. E às ilusões frenéticas e aparências enganadoras do nosso mundo, a Consciência faz a recomendação: *Fique tranqüilo e saiba que eu sou Deus.*

E instalou-se uma grande calma.

APÊNDICE

30 dias de meditações a partir das lições

Feche os olhos, relaxe e vá calmamente para cima e para dentro daquela região interior secreta onde reside a Realidade, o lar da Consciência Divina. Esteja conscientemente consciente da Luz do Espírito e sinta o amor da Presença no centro do coração. Descanse por um instante no Silêncio; depois, abra os olhos e, bem devagar, leia e contemple a meditação do dia, sentindo a energia dela e deixando que as palavras sejam absorvidas pela consciência. Depois de alguns minutos, retorne ao Silêncio e ouça a Palavra interior. Escreva no seu diário a mensagem que recebeu.

DIA 1

Eu não me preocupo com o passado, pois ele não existe, nem sequer restam vestígios dos dias passados. Eu recebi o influxo do Espírito, e todas as tristezas e medos compulsivos do passado foram eliminados. Agora eu estou livre para galgar a escada para a consciência espiritual plena e completa. Eu começo de novo.

DIA 2

Deus É. Deus é a única Presença e Poder universal, o Centro Cósmico do Amor, expressando-se como tudo o que é bom, verdadeiro e lindo na vida. Eu sou essa Expressão.

Eu e o Espírito de Deus somos uma só coisa. Eu sou Deus sendo eu, e Deus ama a Si Mesmo como a mim.

EU SOU.

SOU consciente.

SOU consciente de mim mesmo.

SOU consciente da presença de Deus.

SOU consciente da presença de Deus que EU SOU.

SOU consciente da presença de Deus que EU SOU como eu mesmo.

Agora eu ouço e escuto a Voz da Verdade falar a partir do meu silêncio interior.

DIA 3

Agora eu estou consciente do Eu poderoso dentro de mim, do meu único Eu, expressando tanto a vida perfeita quanto o mundo perfeito.

Eu renuncio à falsa crença de que eu sou um ser humano e aceito a verdade de que eu sou Espírito puro expressando-se como alma e corpo. Deus é o meu único Ser, a minha única Existência.

Eu não sou uma mente humana, pois existe apenas uma Mente — a Mente de Deus — e Deus não criou nada em oposição a Si Mesmo.

Estou consciente da minha única Personalidade, a Verdade do meu Ser. Estou consciente de Mim, o Único existente, e por meio dessa consciência de mim Mesmo, o reino flui em forma e experiência perfeitos.

Eu sou como Jesus — física, mental, emocional e espiritualmente. Eu sou um ser completo!

DIA 4

Eu sou um ser espiritual e me adaptei à energia densa do plano terrestre; ainda assim, nunca nasci e nunca morrerei. Repudio todas as idéias de medo da minha mente e sou livre para viver plenamente agora.

A vida de Deus é a minha vida, imortal, eterna, para sempre.

DIA 5

Neste dia, eu assumo o compromisso de fortalecer a minha consciência, a minha compreensão e o conhecimento de Deus, o meu único Eu. Eu preciso fazer isso amando o Espírito com toda a minha mente, com todo o meu coração e com toda a minha alma. Faço isso agora com a plenitude do meu ser.

Eu reconheço a Presença dentro de mim como o único poder em ação na minha vida e nos meus interesses. Não existe outro. A onipotência, de dentro para fora, reina suprema na minha vida.

DIA 6

Quanto mais estou consciente do Espírito, mais esse Espírito preenche a minha consciência. Concentro a minha mente na Verdade que EU SOU e abro a porta, e todos os sentidos de separação se anulam quando eu entendo a minha unidade com a minha Realidade Divina. A Luz única do amor, da paz e da compreensão Se enraíza no meu coração e eu sinto a Chama Divina do meu Eu Sagrado iluminando todo o meu ser.

Deste momento em diante, dedico a minha vida à Verdade. Meu compromisso está completo e é sustentado pela vontade de Deus.

DIA 7

Passei da lei do karma para a lei do Espírito e agora o Espírito está tomando as minhas decisões por mim, do ponto de vista da visão mais elevada.

Sinto-me radicalmente diferente. Há uma gentileza combinada com uma força interior, um sentimento maior de paz nascido do amor, e a minha vida é de uma ordem superior.

Agora eu sou uma influência de cura e harmonização para todos os que encontro no meu caminho pela vida.

DIA 8

O Espírito, o único Poder, está presente em toda parte. Isso significa que a minha vida e o mundo estão cheios de harmonia, de relações carinhosas, de integridade física, de sucesso no devido lugar e de abundância em profusão.

Eu não tenho problemas. Eles não passaram de falsas crenças, e foram anulados pelo Espírito que flui por meu intermédio para revelar a Realidade do céu e da terra.

Estou consciente da atividade do Espírito, o único Poder em ação na minha consciência. Sinto o amor resplandecente, o poder radiante, o fluxo da sabedoria. Sou como Jesus e tudo está bem.

DIA 9

Estou conscientemente unido com a Mente Infinita no meu íntimo e, por meio dessa consciência pulsante em todo o meu ser, eu entendo a Onisciência. Meu Espírito sabe tudo, observa todas as minhas necessidades e, com amor interminável, já atendeu a essas necessidades.

Na verdade, não há nada a pedir. Eu simplesmente tenho de manter a minha consciência voltada para a Onisciência e Sua divina atividade. Essa atividade é Onipotente, o único poder, vertendo a partir de mim como um manancial inesgotável para revelar e expressar uma vida plena, completa e cheia de alegrias. Estou consciente disso. Eu entendo isso. Vejo isso. Sei disso.

DIA 10

Neste momento, eu ingresso numa Nova Realidade, a minha Vida Ideal, em que tudo é perfeito. Volto-me para dentro e vejo e sei e sinto o Corpo Ideal de energia pura — perfeito, radiante e cheio da singular Vida do Espírito. Eu vivo o Ideal de Corpo.

DIA 11

Eu vivo e ando e tenho o meu ser em plena abundância, pois isso é o que Deus é. A Consciência Universal da Abundância está individualizada como eu, e vejo apenas desde a visão mais elevada da perfeição e da plenitude dos meus assuntos financeiros. Eu vivo o Ideal de Abundância.

DIA 12

Eu vejo o meu Ideal de sucesso criativo perfeito e, no espírito do Ter, sei que o que eu vejo eu devo me tornar. Eu sou a plenitude da conquista perfeita, da vitória e do triunfo total. Eu faço aquilo de que gosto e gosto daquilo que faço. Eu vivo o Ideal do Sucesso.

DIA 13

Meus relacionamentos são perfeitos, pois eu estou amando e sou amado, e me vejo como todo mundo. Eu dou a todos a felicidade e a harmonia que EU SOU e TENHO, o que é superabundante e interminável. Eu vivo o Ideal de Relacionamento.

Todos os outros detalhes da minha vida são perfeitos, pois eu vivo a Vida Ideal. Essa é agora a minha Realidade, e eu vejo como o meu mundo reflete essa perfeição. Eu vivo o Ideal de Vida.

DIA 14

Eu sou uma energia de cura para os outros, pois Eu sou onipresente, unido a tudo na unidade de toda a vida. Vejo a todos como o meu Eu, e o poder é liberado para revelar a realidade da perfeição.

Agora Eu deixo a Luz do Espírito ir adiante de mim para provar que nada é impossível, enquanto Ela estabelece o campo de força para a perfeição, independentemente da situação ou das condições. A Intenção Divina do Espírito nunca falha.

Eu sou uma influência de cura aonde quer que eu vá.

DIA 15

O que é isso no meu corpo que está chamando a minha atenção? É uma falsa crença que foi projetada no meu veículo material. Eu sei que o meu corpo não tem o poder de adoecer, pois ele não tem mente própria. Ele simplesmente está se alimentando de uma energia desqualificada, que está tomando a aparência de uma doença.

Agora eu me volto para o Eu único, o Eu que EU SOU, e descanso na certeza de que a Onisciência e a Onipotência estão mantendo o meu corpo em integridade perfeita. Eu direciono o meu olhar para a Presença que tudo sabe, o Poder único, e deixo a Luz resplandecente do Amor evoluir por meio dos meus sistemas mental e emocional, anulando falsas crenças e curando os padrões equivocados que criei.

Agora eu vejo apenas o Corpo Ideal.

DIA 16

Eu sou o Espírito de Deus que EU SOU. Eu sou o Espírito de Deus que EU SOU como abundância em profusão. Eu sou o Espírito de Deus que EU SOU como abundância em profusão em expressando-se radiante na minha vida e nos meus interesses.

O dinheiro é uma idéia espiritual na minha consciência. Essa idéia é ilimitada; portanto, a expressão da idéia na forma visível é ilimitada. Eu sou a lei espiritual que governa essa idéia espiritual. Eu sou o princípio da abundância. Eu sou a energia radiante da abundância e eu deixo que essa energia preencha o meu mundo e volte para mim com uma auto-suficiência de dinheiro e todos os outros bens. Estou irradiando a energia e o amor de Deus. Estou atraindo o que é meu por direito de consciência.

Eu não deixo mais a minha mente e as minhas emoções viverem na escassez, pois eu sei que essa coisa não existe. Eu deposito a minha fé em Deus, no Espírito EU SOU, no poço de abundância que está fluindo sempre da fonte divina interior e no processo divino da manifestação perfeita.

DIA 17

É o amor de Deus incorporado na minha consciência que está fazendo o trabalho. Eu relaxo na Mãe-Substância e deixo o amor fazer tudo por mim, no meu lugar. Ele sabe exatamente o que fazer e o está fazendo neste preciso momento.

Eu não procuro Deus por coisas materiais. Eu me volto para dentro e me torno receptivo ao fluxo da Mãe-Amor, e deixo o meu amor-consciência se manifestar como satisfação total na minha vida.

DIA 18

Agora eu entendo que os efeitos deste mundo são do passado e não são criativos. Um efeito não produz outro, pois tudo emana da consciência.

Eu afirmo com a mente e o coração que nenhuma pessoa, lugar, coisa, condição ou situação no mundo exterior tem poder sobre mim, ou tem o poder de me influenciar.

Eu me coloco na total dependência do Espírito interior, liberando tudo para a presença do Deus que EU SOU, sabendo que o Amor atende a todas as minhas necessidades, vontades ou desejos, até mesmo antes que ocorram na minha mente ou no meu coração.

Eu sou como Jesus, para sempre em união com o Pai-Poder-Vontade e a Mãe-Substância-Amor. Eu sou a Pessoa Integral, espiritualmente, mentalmente, emocionalmente e fisicamente. E o meu mundo reflete essa Integridade.

DIA 19

Nada pode tocar você além de Deus, pois Deus é tudo o que existe. O que há para temer? Como um Ser de Deus, todo poder está dentro de você como uma orientação protetora, e ao seu redor como um escudo de segurança. Eu deposito a minha confiança na Onipotência.

DIA 20

Eu vejo tudo para o bem de todos, pois Deus dá universalmente por meio da onipresença. Não existe nem recompensa nem castigo, apenas doação amorosa resplandecendo constantemente como perfeição, caindo com integridade que alimenta a todos.

O que eu desejo para mim, desejo para todos.

DIA 21

É minha vontade que todo obstáculo a uma vida integral e completa seja removido.

Se houver uma falsa crença na escassez, eu decreto que ela seja eliminada agora.

Se houver uma mentira que se concretizou como uma moléstia física, que a Verdade a substitua agora.

Se existir um padrão equivocado a partir do julgamento dos outros e está se manifestando co-

mo relações tensas, eu peço que ele seja eliminado agora.

Se um pensamento errado tiver resultado em fracasso, é minha vontade que todos os pensamentos desse tipo sejam corrigidos agora.

Eu estou pronto e quero viver uma vida plena, integral, amorosa e bem-sucedida, que é o meu direito divino inato.

A vontade de Deus é a minha vontade!

DIA 22

Neste dia eu me lembro de me aproximar e de tocar a Presença sagrada pela meditação; eu me lembro de ficar aberto à voz do Espírito interior, vendo a minha consciência como a rede que capta a substância, o suprimento que inclui tudo.

E a todas as experiências indesejáveis, eu estendo a minha mão como o poder de manifestação, e irradio a energia da vontade para renovar todas as coisas. Eu sou como Jesus!

DIA 23

Agora eu olho para a minha vida, para o meu mundo, através dos olhos do espírito, e vejo apenas a Verdade de Ser. Todas as pessoas rotuladas de homem ou de mulher são, na realidade, o Espírito de Deus tornados visíveis pela ação da mente. Por trás dessa aparência física está o Eu único radiante, o Cristo. É essa Presença que eu vejo em todo encontro. Não pode existir outra; Deus é tudo o que existe.

A Verdade que eu vejo na minha vida, no meu mundo, é a Mente em manifestação perfeita, seja como estrutura, coisa, forma viva, condição ou *experiência. Nada do que é bom e belo está faltando, e o que quer que não seja de Deus não existe. Eu vejo uma vida perfeita e um mundo perfeito, porque não existe nada oposto a Deus, e a Verdade não tem oposição.*

Eu sei disso agora e estou sendo elevado cada vez mais alto na consciência espiritual. Eu sou como Jesus!

DIA 24

Eu concordo, deste momento em diante, em fazer o melhor possível para ter em mente a Presença do EU SOU, a sentir amor e alegria, a ter pensamentos amorosos a respeito de todos e a agir sempre de acordo com um sentimento de orientação interior.

Para realizar isso, novamente eu me liberto de todos os medos, ressentimentos, condenações e rancores. Renuncio a todos os meus enganos do passado e erros de julgamento, e me desfaço de toda a falsa soberba e emoções egoístas.

Tudo na minha consciência que poderia me manter na servidão eu agora lanço sobre o Cristo interior para ser extinto. Hoje eu opto por viver sob a graça, na consciência espiritual. E eu vejo e reconheço essa consciência como a influência harmonizadora perfeita em todos os relacionamentos, o ajuste perfeito em todas as situações, a saída perfeita de todas as complicações, a realização perfeita da minha vida.

Agora eu prossigo com fé, depositando minha confiança em Cristo como a minha consciência, e vivendo cada momento com o coração transbordando de gratidão, amor e alegria.

DIA 25

Deus expressou a Si mesmo como eu, e eu vivo eternamente em Deus, com Deus, como o Espírito de Deus. A plenitude da Divindade habita o meu ser e se expressa por meu intermédio como todo o bem e toda a perfeição. Sou um canal para a mudança positiva neste mundo.

Reconheço o meu valor como ser individual vivendo na terra neste momento. Como a própria excelência de Deus, faço parte do Grande Plano de continuidade da criação, e a minha contribuição a este mundo é de importância vital no esquema divino das coisas.

Equilibrado, poderoso e tranqüilo, faço a minha parte com amor e alegria. Sou inocente, aberto e receptivo para a ação correta, e dedicado ao meu objetivo na vida. Tudo o que eu faço tem sentido e vale a pena. Tenho direitos porque eu sei quem eu sou.

DIA 26

Eu vivo com o sabor e a paixão do momento, ainda assim, eu não me distancio da Verdade de que eu sou um ser espiritual, uma Identidade única sempre perfeita e completa.

Não fui criado como um ser separado, pois Deus não conhece nada além de Si Mesmo. Deus é Consciência e é apenas a Consciência que expressa a individualidade. Eu sou a Consciência.

Eu não tenho uma mente própria, pois existe apenas uma Mente; não existe mortalidade, nem seres separados, apenas a Unidade que eu sou. Tudo é Espírito.

Pelo amor e pela adoração, eu me rendi completamente ao Espírito, e a consciência do Eu se desvanece no conhecimento supremo, absoluto de Quem eu sou.

Eu vivo apenas como consciência espiritual.

DIA 27

Eu reverencio os dons que tenho recebido para ver, sentir e experimentar o que está além do âmbito do normal. Aceito essa visão etérica do mundo subjetivo que está por trás do físico como uma visão superior da vida, e simplesmente como uma conseqüência da consciência espiritual. Eu não busco essas experiências por si mesmas. Eu deixo que elas aconteçam enquanto persigo a minha meta de viver nas mais elevadas freqüências da consciência e de ser a Pessoa Íntegra que fui criado para ser.

DIA 28

Estou pronto para participar da grande revolução das mentes e dos corações para revelar a paz duradoura na terra. Como um Viajante do Caminho neste mundo, quero me juntar aos homens e mulheres que vêm atravessando as passagens dimensionais e ofereço a minha plena cooperação. Consinto entusiasticamente em fazer parte da equipe formada de ambos os lados do véu para revelar o Plano Divino.

Abro agora as minhas faculdades de imaginação e vejo na tela da minha mente a grande atividade acontecendo através das portas abertas, e deixo que o meu Espírito me mostre a visão da próxima transformação da terra.

DIA 29

Calma e delicadamente, subo ao lugar secreto do Altíssimo na minha consciência. Compreendo a minha verdadeira Identidade como o Cristo de Deus e, nesse Conhecimento, o Verbo é pronunciado por meu intermédio, e o Poder é solto no mundo, na consciência coletiva, e começa a grande mudança. As profecias fatalistas não se realizam e as ilusões são dissipadas para revelar a Realidade espiritual — o mundo único de paz, amor e alegria.

O despertar espiritual está acontecendo por meio da atividade de Cristo. Eu vejo apenas a paz.

DIA 30

Agora eu entendo. O que eu persigo foge de mim, seja a saúde, a riqueza, o sucesso ou os relacionamentos felizes. Ser como Jesus significa ficar tranqüilo e TORNAR-ME o que eu busco, o que eu já sou e tenho na plenitude do meu ser. Então, tudo o que eu desejo pela minha visão de vida ideal irá literalmente me perseguir.

Encontrei o ponto de contato interior na minha mente que corresponde ao reino acabado na terra, a perfeição da vida onde todas as aspirações já são plenamente manifestas. Eu vi isso. Eu senti isso. Eu caminhei para isso na consciência e me tornei isso. Eu sou tudo o que eu poderia conceber para ser e agora a glória de Deus preenche o meu coração e a minha mente.

E o Verbo se manifesta: Fique tranqüilo e saiba que eu sou Deus.

Notas

✜ ✜ ✜

INTRODUÇÃO
1. Kahlil Gibran, *JESUS The Son of Man* (Nova York: Alfred A. Knopf, Inc., 1928).

LIÇÃO 2: Conheça bem Deus
1. Manly P. Hall, *The Secret Teachings of All Ages: An Encyclopedic Outline of Masonic, Hermetic, Quabblistic, and Rosicrucian Symbolic Philosophy* (Los Angeles: The Philosophical Research Society, Inc., 1977), p. cxvi.

2. Newton Dillaway, org., *The Gospel of Emerson* (Wakefield, Ma.: The Montrose Press, 1949), p. 71.

3. Alice A. Bailey, *A Treatise on Cosmic Fire* (Nova York: Lucis Publishing Company, 1964), p. 1136.

LIÇÃO 3: Entenda a natureza da alma
1. Alice A. Bailey, *Letters on Occult Meditation* (Nova York: Lucis Publishing Company, 1966), p. 34. [*Cartas sobre Meditação Ocultista*, publicado pela Editora Pensamento, São Paulo, 1984.]

2. G.R.S. Mead, *Fragments of a Faith Forgotten* (Hyde Park, NY: University Books, s.d.), p. 535.

3. *Ibid.*, pp. 487-88.

LIÇÃO 4: Entenda a imortalidade

1. Michael Talbot, *The Holographic Universe* (Nova York: HarperCollins Publishers, 1991), p. 161.

2. William Bramley, *The Gods of Eden* (San Jose, Ca.: Dahlin Family Press, 1989), p. 115.

3. Elaine Pagels, *The Gnostic Gospels* (Nova York: Vintage Books, 1981), p. 87. [*Os Evangelhos Gnósticos*, publicado pela Editora Cultriz, São Paulo, 1990.]

4. Pagels, pp. 87, 88.

LIÇÃO 5: Dedique-se à vida espiritual

1. Kahlil Gibran, *JESUS The Son of Man* (Nova York: Alfred A. Knopf, Inc., 1928), p. 131.

LIÇÃO 6: Eleve-se acima do karma

1. John Randolph Price, *The Angels Within Us* (Nova York: Fawcett Columbine/Ballantine, 1993), p. 138. [*Os Anjos que Regem a nossa Vida*, publicado pela Editora Pensamento, São Paulo, 1995.]

LIÇÃO 7: Entenda a solução dos problemas

1. Emmet Fox, *Power Through Constructive Thinking* (Nova York: Harper & Row, Publishers, 1940), pp. 178-79. [*O Poder do Pensamento Construtivo*, publicado pela Editora Pensamento, São Paulo, 1975.]

LIÇÃO 8: Entenda a verdadeira prece

1. John Randolph Price, *With Wings As Eagles* (Carlsbad, Ca.: Hay House, Inc., 1997), pp. 76-7.

LIÇÃO 10: Conheça a única presença capaz de curar

1. Joseph J. Weed, *Wisdom of the Mystic Masters* (West Nyack, NY: Parker Publishing Company, Inc., 1968), pp. 86-7.

2. Michael Talbot, *The Holographic Universe* (Nova York: HarperCollins Publishers, 1991), p. 107.

3. *Ibid.*, p. 103.

4. George W. Meek, org., *Healers and the Healing Process* (Wheaton, Il.: The Theosophical Publishing House, 1977), p. 95.

5. George K. Anderson e Robert Warnock, *The World in Literature*, vol. I, Livro Dois (Glenview, Il.: Scott, Foresman and Company, 1959), p. 87.

6. Meek, p. 196.

7. *Ibid.*, p. 201.

LIÇÃO 11: Cure a si mesmo

1. Charles F. Haanel, *The Master Key* (Marple, Cheshire, Grã-Bretanha: Psychology Publishing Co., Ltd., 1977), pp. 212-13.

LIÇÃO 13: Entenda a natureza do suprimento

1. Alice A. Bailey, *Esoteric Astrology* (Nova York: Lucis Publishing Company, 1951), p. 244.

2. Alice A. Bailey, *The Externalisation of the Hierarchy* (Nova York: Lucis Publishing Company, 1958), p. 335.

3. John Randolph Price, *A Spiritual Philosophy for the New World* (Carlsbad, Ca.: Hay House, Inc., 1997), p. 67.

4. John Randolph Price, *The Superbeings* (edição de bolso, Nova York: Fawcett Crest, Ballantine Books, 1988; brochura, Carlsbad, Ca.: Hay House, Inc., 1997), p. 96.

5. Alice A. Bailey, *Esoteric Healing* (Nova York: Lucis Publishing Company, 1953), p. 362.

LIÇÃO 15: Confie no anel de proteção

1. *A Course in Miracles* [*Um Curso de Milagres*], vol. II, Livro de Exercícios para Estudantes (Tiburon, Ca.: Foundation for Inner Peace, 1975), p. 77.

2. Emma Curtis Hopkins, *High Mysticism* (Marina del Rey, Ca.: DeVorss & Co., Publishers, 1987), p. 32.

3. Alice A. Bailey, *Discipleship in the New Age*, vol. II (Nova York: Lucis Publishing Company, 1955), p. 750.

LIÇÃO 16: Faça tudo pelo bem de todos
1. Newton Dillaway, org., *The Gospel of Emerson* (Wakefield, Ma.: The Montrose Press, 1949), p. 69.
2. Dillaway, p. 69.

LIÇÃO 17: Entenda a vontade de Deus
1. *Um Curso de Milagres*, vol. I, Texto (Tiburon, Ca.: Foundation for Inner Peace, 1975), pp. 149, 150.

2. Walter Starcke, *Spring '98 Letter* (Boerne, Tx.: Walter Starcke, 1998), pp. 4-5.

3. *Um Curso de Milagres*, vol. I, Texto (Tiburon, Ca.: Foundation for Inner Peace, 1975), p. 184.

LIÇÃO 20: Conheça os perigos da soberba espiritual
1. Alice A. Bailey, *Discipleship in the New Age*, vol. I (Nova York: Lucis Publishing Company, 1966), pp. 26-7.

2. John Randolph Price, *Living a Life of Joy* (Nova York: Fawcett Columbine/Ballantine, 1997), p. 157.

3. *Um Curso de Milagres*, vol. I, Texto (Tiburon, Ca.: Foundation for Inner Peace, 1975), p. 167.

LIÇÃO 21: Seja você mesmo
1. John Randolph Price, *Living a Life of Joy* (Nova York: Fawcett Columbine/Ballantine, 1997), p. 149.

LIÇÃO 22: Viva apenas como consciência espiritual
1. *Um Curso de Milagres*, vol. II, Livro de Exercícios para Estudantes (Tiburon, Ca.: Foundation for Inner Peace, 1975), p. 171.
2. *Ibid.*, p. 354.

LIÇÃO 23: Considere os fenômenos paranormais como normais
1. Dos Editores da Time-Life Books, *Mysteries of the Unknown — Visions and Prophecies* (Alexandria, Va.: Time-Life Books, 1988), p. 9.

2. *Um Curso de Milagres*, vol. III, Manual para os Professores (Tiburon, Ca.: Foundation for Inner Peace, 1975), p. 59.

LIÇÃO 24: Não veja separação entre os planos da existência

1. Jan Price, *The Other Side of Death* (Nova York: Fawcett Columbine/Ballantine, 1996), p. 85.

2. *Ibid.*, pp. 107-108.

3. John Randolph Price, *Angel Energy* (Nova York: Fawcett Columbine/Ballantine, 1995), p. 187. [*A Energia dos Anjos*, publicado pela Editora Pensamento, São Paulo, 1998.]

4. *Ibid.*, pp. 191-92.

5. Bill Guggenheim e Judy Guggenheim, *Hello from Heaven* (Longwood, Fl.: The ADC Project, 1995), pp. 87-8.

6. James F. Twyman, *Emissary of Light* (Santa Rosa, Ca.: Aslan Publishing, 1996), pp. 219, 223.